# ABUTRES, INGÊNUOS E A AMEAÇA DE DESTRUIÇÃO DA GRANDE COMPANHIA

Walfrido Warde
Rafael Valim

# ABUTRES, INGÊNUOS E A AMEAÇA DE DESTRUIÇÃO DA GRANDE COMPANHIA

SÃO PAULO
2021

CONTRACORRENTE

EDITORES
**Camila Almeida Janela Valim**
**Gustavo Marinho de Carvalho**
**Rafael Valim**

EQUIPE EDITORIAL
**Juliana Daglio** COORDENAÇÃO DE PROJETO
**Marcelo Madeira** REVISÃO
**João Machado** REVISÃO TÉCNICA
**Maikon Nery** PROJETO GRÁFICO E CAPA

EQUIPE DE APOIO
**Fabiana Celli**
**Carla Vasconcelos**
**Fernando Pereira**
**Lais do Vale**
**Valéria Pucci**
**Regina Gomes**

Dados Internacionais de Catalogação na Publicação (CIP)
(Ficha Catalográfica elaborada pela Editora Contracorrente)

---

Jorge Junior, Walfrido Warde Jorge
Abutres, ingênuos e a ameaça de destruição da grande companhia / Walfrido Warde Jorge Jr, Rafael Valim. – 1. ed. São Paulo : Editora Contracorrente, 2021. Bibliografia

ISBN 978-65-88470-69-5
1. Direito administrativo
2. Direito administrativo – Brasil
3. Direito administrativo – Legislação – Brasil
4. Empresas I. Valim, Rafael.

II. Título.
21-70876 CDU-35(81)

---

Índices para catálogo sistemático: 1. Direito administrativo : Brasil : Direito 35(81) Maria Alice Ferreira Bibliotecária CRB 8/7964


Rua Dr. Cândido Espinheira, 560
3º andar São Paulo, SP, Brasil
CEP 05004 000

www.loja-editoracontracorrente.com.br
contato@editoracontracorrente.com.br

SUMÁRIO

Poucos são os livros marcantes na nossa vida. Raros, os que colocam o dedo na ferida.

Depois do estrondoso e merecido sucesso de *O espetáculo da corrupção*, o brilhante Walfrido Warde Jr. volta à cena, agora acompanhado do grande jurista Rafael Valim, para denunciar mais um vergonhoso espetáculo a que poucos se deram conta até o momento: a tentativa de assalto aos trens pagadores deste país, coordenada por espertalhões e oportunistas, com a colaboração de ingênuos e ignorantes mal remunerados.

Quando denunciei à Comissão de Valores Mobiliários (CVM), em janeiro de 2008 e em nome próprio, a ilegalidade do sigilo das arbitragens do Novo Mercado da BOVESPA (hoje B3), ninguém me deu ouvidos. O sigilo era, sem dúvida, o princípio do fim da transparência (naquilo que interessa) das grandes companhias brasileiras. E o tempo se encarregou de mostrar que eu tinha razão. Afinal, basta procurar bastante para notar que nada será encontrado: não foi deixado um único vestígio para contar a história das grandes disputas societárias dos últimos 15 anos...

Orquestrado para que os grandes litígios societários fossem resolvidos às escondidas, sem nenhuma publicidade, e entre poucos e velhos conhecidos – quase que num jogo de cartas marcadas –, o sigilo nas arbitragens era (e ainda é) simplesmente uma excrecência para o Direito Societário. Recentemente uns poucos perceberam a cilada onde caímos. Como sempre os méritos não foram reconhecidos... e agora a questão, requentada e embelezada, volta à baila com ares de inovação e complexidade.

Mas nos últimos anos a ganância dos espertalhões e oportunistas foi além. Muito além.

Este livro denuncia o novo golpe gestado pelos espertalhões de sempre, financiado pelo apetite pantagruélico do capital abutre. Tudo isso não seria possível sem a colaboração dos ingênuos e ignorantes, que sempre agem no estilo abstruso e falazmente "científico" para ocultar a sua própria ignorância e alienação.

Contrabandeando institutos de outros países, esses "intelectuais" brincam com as leis, as ideias e as teorias como os malabaristas se divertem com lenços e clavas, substituindo o Direito posto por autênticos simulacros. A impostura intelectual aqui parece não ter limites.

No Direito das Companhias, o campo tem-se revelado fértil e lucrativo para poucos, à custa das vítimas (!) como demonstrado ao longo desta obra. E o Direito Societário vai assim se desvanecendo, por obra de pedantes que se acreditam superiores (naquilo que não estudaram a fundo) e se jactam do monopólio de decidir o destino das grandes companhias brasileiras.

Esse esforço por transformar as vítimas em peças de um triste espetáculo – que satisfaz a curiosidade perversa dos consumidores dos escândalos – está transformando o brasileiro médio em um ser histérico e sanguinário; mas infelizmente um mero fantoche que apenas se presta a satisfazer os prazeres do capital abutre.

Será que ainda dá tempo para corrigir o rumo da história do nosso Direito Societário?

Boa leitura; porque o livro é excelente.

**Alfredo Sérgio Lazzareschi Neto**

Acionistas minoritários fazem jus a reparações de danos devidas por grandes corporações, quando estas tenham sido mal geridas por seus controladores e administradores, e isso tenha causado redução no valor das suas ações? A resposta mais imediata e intuitiva é afirmativa. Parece até uma briga judicial edificante, digna de filme de tribunal norte-americano. Uma espécie de luta corporativa entre Davi e Golias, que, com alguma boa vontade e esforço, possibilitaria até mesmo a mobilização do discurso constitucional de proteção dos direitos dos grupos mais vulneráveis, diante dos abusos dos mais poderosos.

Porém, as aparências enganam, e no Direito não é diferente. *Abutres, ingênuos e a ameaça de destruição da grande companhia*, obra seminal dos professores Walfrido Jorge Warde Jr. e Rafael Valim, busca nos mostrar, com criatividade e impressionante erudição, que essas pretensões reparatórias – seja quando postuladas pela via judicial, por meio da ação civil pública prevista na Lei n. 7.913/89, seja quando veiculadas através de arbitragens – estão longe de ser o que parecem.

De acordo com os autores, frequentemente esses pedidos de indenização visam a favorecer não os pequenos acionistas e investidores (os supostos "Davis"), mas os fundos financeiros bilionários – os "fundos abutres" – que adquirem na bacia das almas as ações de companhias vitimadas por graves abalos, causados exatamente pela atuação de gestores inescrupulosos ou gravemente incompetentes. Ao serem condenadas a pagar indenizações multimilionárias aos minoritários, as corporações, já antes economicamente combalidas pela gestão que as prejudicou, podem ser verdadeiramente arruinadas. Nessa lógica, as empresas são duplamente atingidas. Primeiro, elas são economicamente prejudicadas pelos erros ou abusos dos seus gestores. Depois, têm ainda de arcar com vultosas reparações aos acionistas minoritários, pelos prejuízos que elas mesmas sofreram, e que apenas indiretamente atingem esses acionistas, ao impactar negativamente no preço dos seus valores mobiliários.

Ocorre que a proteção da empresa não interessa apenas aos seus controladores. Empresas geram empregos que alimentam famílias; empresas pagam tributos que financiam o funcionamento do Estado; empresas produzem bens e serviços indispensáveis para a sociedade. A economia nacional precisa das suas empresas e arruiná-las lesa interesses coletivos, que em muito transcendem os interesses meramente econômicos dos seus acionistas.

A tese engenhosamente defendida pelos autores não propõe a impunidade corporativa, mas sim uma distribuição mais inteligente e equitativa de responsabilidades, atenta para os respectivos efeitos sobre o sistema social e econômico. Segundo sustentam, a reparação de danos causados à companhia por administradores ou controladores que tenham violado seus deveres legais deve reverter em proveito da própria empresa lesada, na forma disciplinada pela Lei das Sociedades Anônimas. Naturalmente, essa indenização tende a se refletir no valor das ações, reparando com isso o dano indireto sofrido pelos minoritários. Estes, por sua vez, podem pleitear indenização, mas apenas pelos *danos diretos* que lhes tenham sido causados pelos controladores e administradores – ou seja, prejuízos que não correspondam a meros reflexos dos danos causados à corporação. E devem buscar essa reparação contra os causadores desses danos – os controladores e administradores –, e não contra a companhia, para que esta não seja duplamente penalizada. Não fosse assim, como afirmam ironicamente, seria "*como se depois de um atropelamento que causou danos a dois pedestres, um deles movesse ação de reparação contra o outro, e não contra o motorista embriagado*".

Com brilhantismo, e sempre "pensando fora da caixa", os autores mobilizam diversos argumentos em favor da sua tese. Mostram que a lógica da responsabilização nessa seara não pode ignorar o sistema engendrado pela Lei das Sociedades Anônimas, que tratou amplamente da matéria, sem conceber o modelo de reparação de danos contra o qual se insurgem. Passeiam, com erudição, sobre debates jurídicos relevantes: as funções e a evolução do Direito Econômico, o conceito de empresa, os limites impostos pela ordem pública para as arbitragens, os princípios de função social da propriedade e da empresa, dentre outros temas.

A obra narra, com grande profundidade, as origens do modelo de responsabilização criticado, importado para o Brasil a partir das *class actions* norte-americanas. Nesse particular, os autores convocam a história para demonstrar que as razões que ensejaram o desenvolvimento do instituto nos Estados Unidos não estão presentes no Brasil. E mostram como tal modelo gera, na atualidade, efeitos indesejados naquele país, com a criação de uma verdadeira indústria de *class actions* corporativas, manejadas muitas vezes por advogados inescrupulosos, cuja atuação causa danos ao mercado e à sociedade. Não há razões que justifiquem o transplante do modelo para o Brasil, se nem mesmo em sua origem ele tem funcionado a contento.

Os autores não se limitam a afirmar que esse modelo ianque de responsabilização civil é inadequado. Eles vão além, para defender que o regime é também inconstitucional. Na sua ótica, pelo seu potencial de afetar tão profundamente as corporações e estimular o surgimento de uma indústria de demandas especulativas, contrárias ao bem comum, o modelo em questão viola o princípio da função social da empresa – que, no Brasil, tem amparo constitucional na proteção à função social da propriedade (art. 5º, XXIII, e 170, III, CF/88) –, bem como os valores fundamentais que norteiam a nossa ordem econômica (art. 170, CF/88). Uma ordem econômica que, por imperativo constitucional, é capitalista, mas fortemente condimentada por preocupações sociais.

Veja-se, no particular, que a Lei n. 7.913/ 89 – que "dispõe sobre a ação civil pública de responsabilidade por danos causados aos investidores no mercado de valores mobiliários" – não consagra expressamente a hipótese de reparação dos danos meramente reflexos sofridos por acionistas minoritários. Portanto, a interpretação proposta pelos autores não é incompatível com o texto legal, além de dialogar melhor com o sistema de responsabilização desenhado na Lei das Sociedade Anônimas, e – ainda mais importante – parecer mais alinhada com os princípios constitucionais que regem a nossa ordem econômica.

Trata-se, em suma, de um estudo interessantíssimo, escrito com criatividade, coragem e erudição, em linguagem saborosa, acessível também aos não iniciados nos meandros do Direito Econômico e Societário.

Os autores dispensam apresentações. São juristas nacionalmente conhecidos e merecidamente consagrados. Walfrido Jorge Warde Jr. é formado em Direito e filosofia pela USP, mestre pela New York University School of Law, doutor em Direito Comercial pela USP e autor de inúmeros livros, dentre os quais o brilhante best-seller *O espetáculo da corrupção: como um sistema corrupto e o modo de combatê-lo estão destruindo o país*. É um dos mais importantes e respeitados advogados empresariais do país, fundador do escritório Warde Advogados. Ele preside o Instituto para Reforma das Relações entre Estado e Empresa (IREE), que se tornou nos últimos anos um dos espaços mais importantes para reflexão sobre os problemas nacionais. Rafael Valim, por sua vez, é mestre e doutor em Direito Administrativo pela PUC/SP, onde lecionou por vários anos. Foi professor ou pesquisador visitante em diversas universidades estrangeiras, como as de Manchester (Inglaterra), Le Havre Normandie (França) e La Coruña (Espanha) e possui inúmeras obras publicadas. É um dos principais estudiosos do *lawfare* no Brasil, diretor do IREE e sócio do escritório Warde Advogados. Além de juristas e advogados brilhantes, Walfrido e Rafael são também intelectuais públicos, participando sempre dos debates na esfera pública em defesa da democracia e de uma agenda progressista de direitos fundamentais. É uma grande honra prefaciar uma obra deles.

Leiam *Abutres, ingênuos e a ameaça de destruição da grande companhia*. Como eu, tenho certeza de que vocês aprenderão muito. Leiam não só porque é um pequeno grande livro. Leiam, acima de tudo, porque é fundamental não ser ingênuo para não favorecer a destruição causada por abutres.

**Daniel Sarmento**
*Professor Titular de Direito*
*Constitucional da* UERJ

Uma onda de autoimolação tem-nos levado a destruir setores empresariais inteiros, em desafio ao bom senso, mas, sobretudo, em afronta sem precedentes às leis do país. É bem verdade que isso se faz há muito tempo no Brasil, mas nunca se fez com tamanha impiedade e inconsequência quanto no âmbito da famigerada Operação Lava Jato.[1]

O desejo de sangue da turba colérica, como soe acontecer sob forte emoção, transmudou-se nos antolhos de todo um povo, incapaz de distinguir empresa de empresário.

Foi nesse contexto que abutres e ingênuos entreviram mais uma injusta maneira de punir empresas vitimadas por seus administradores e controladores, na tentativa de vestir a vítima com as roupas do algoz.[2]

Demonizaram organizações empresariais pelos atos de seus gestores, para que pagassem – note-se bem o absurdo – pelo dano que sofreram. E, em meio a esse falsete, invocaram regras e diretrizes do Direito norte-americano e as práticas que, por lá, têm causas e finalidades absolutamente estranhas para nós, numa tentativa impossível de transplante; uma cirurgia fadada a ferir de morte o paciente, a macroempresa nacional de capital aberto. Notadamente

1 Uma das facetas desse movimento foi descrita em WARDE, Walfrido. *O espetáculo da corrupção:* como um sistema corrupto e o modo de combatê-lo estão destruindo o país. Rio de Janeiro: LeYa, 2018; e, antes disso, em WARDE, Walfrido; BERCOVICI, Gilberto; SIQUEIRA NETO, José F. *Um plano de salvamento do projeto nacional de infraestrutura.* São Paulo: Contracorrente, 2015.

2 E isso, Walfrido Warde já denunciava, em artigo para *O Globo*, de 22 de dezembro de 2017, que continua lamentavelmente atual, sob o título: "Geni e a Petrobras". *O Globo*, Rio de Janeiro, 22 dez. 2017. Disponível em: https://oglobo.globo.com/opiniao/geni-a-petrobras-22222863. Acesso em: 18.07.2021.

aquelas empresas que já haviam sofrido com a exportação do modelo de integridade que os Estados Unidos estabeleceram para o mundo, ainda que não para si, por meio do *Foreign Corrupt Practices Act*, melhor conhecido como FCPA.[3]

A recepção dessa "integridade de exportação" deu-se, entre nós, como um evidente ponto de inflexão, a partir das leis de 2013, ou seja, das Leis de Organização Criminosa e Anticorrupção, promulgadas em um país que não dispunha, como ainda não dispõe, de um regramento minimamente racional do *lobby*, do financiamento da política e das indispensáveis interações entre empresa e Estado. Àquele tempo, a legislação eleitoral fazia um convite irrecusável ao "caixa dois", como ainda faz ao financiamento sub-reptício da política, talvez hoje por gente e expedientes mais medonhos do que os de outrora.[4]

As organizações empresariais do país foram conduzidas a uma evidente armadilha, na medida em que levadas a financiar a política, por necessidade ou por ganância dos seus administradores e controladores, e esse financiamento – oficial ou oficioso – foi repentinamente banido, com o

3 Uma apreciação crítica desse modelo pode ser encontrada nas seguintes obras: GARAPON, Antoine; SCHREIBER-SERVAN, Pierre. *Deals de justice*: le marché américain de l'obéissance mondialisée. Paris: PUF, 2020; LAÏDI, Ali. *Le droit, nouvelle arme de guerre économique:* comment les États-Unis déstabilisent les entreprises européennes. Arles: Actes Sud, 2019.

4 Para um vaticínio dos riscos do nosso frouxo, senão incoerente regramento do lobby e, no particular, do papel das empresas no financiamento da política, já nos idos de 2008, cf. WARDE, Walfrido. "Empresa pluridimensional. Empresa política e lobby". *Revista do Advogado,* São Paulo, ano 28, n. 96, pp. 137-145, mar. 2008.

julgamento da ADIN 4650[5], e subjetivamente criminalizado, no contexto da Lava Jato.[6]

A Lei Anticorrupção imputa responsabilidade objetiva às empresas pelos danos causados por seus dirigentes à Administração Pública (em espécie, empregados, administradores e controladores, sobretudo), sob a presunção absoluta de que tais atos as beneficiaram.[7] E foi precisamente no

5 Trata-se da Ação Direta de Inconstitucionalidade, movida pelo Conselho Federal da Ordem dos Advogados (CFOAB) e julgada em 17 de setembro de 2015 pelo Supremo Tribunal Federal. O STF, ao interpretar a Constituição Federal, findou por proibir doações de campanha por pessoas jurídicas de direito privado (conhecidas como "doações empresariais"), o que alterou sensivelmente o modelo vigente de financiamento de campanhas eleitorais, para dar fundamento à implementação da chamada "minirreforma eleitoral", com a aprovação, em outubro de 2017, do PLC 110/2017, que regulamentou a distribuição de recursos do Fundo Especial de Financiamento de Campanha (FEFC) e alterou as regras eleitorais, no particular para limitar gastos de campanha.

6 Cf. WARDE, Walfrido. *O espetáculo da corrupção*: como um sistema corrupto e o modo de combatê-lo estão destruindo o país. Rio de Janeiro: LeYa, 2018.

7 "A Lei n. 12.846 de 2013 (a 'Lei Anticorrupção') estabeleceu, entre nós, os elementos técnicos ao emprego da leniência como instrumento de coleta de provas. O pilar central do modelo é a dispensa parcial de subjetivação da norma que imputa responsabilidade à pessoa jurídica que pratica (por presunção, como veremos) atos contra a Administração Pública porque deles se beneficia. O verbo 'praticar', ainda presente no texto de lei, tem sentido particular, definido pela dinâmica de imputação que a responsabilidade objetiva determina. E a sua referência não deve ser interpretada como resquício de um grilhão mental, mas como o resultado da presunção que o agente, aquele ao qual se imputa responsabilidade, 'praticou' o ato, ainda que a prova da conduta seja desnecessária ao desprendimento da consequência legal. A imputação da responsabilidade objetiva dispensa prova da conduta do agente, com o que não há sentido, em princípio, qualquer ideia de proporcionalidade ou de concorrência para a administração da consequência jurídica (ainda que essa ideia volte a ter importância, como veremos, no âmbito das negociações para a determinação da multa no acordo de leniência). É certo que, sem prova da conduta culposa, a ideia de autoria perde o seu sentido tradicional, para se submeter a um brutal e ampliativo redimensionamento, que alcança um sem número de partícipes relacionados, em muitos sentidos, ao dano. É por isso que, caracterizado o benefício ou, antes disso, mesmo o manejo de quaisquer das entidades a que se refere o parágrafo primeiro do art. 1º do referido diploma legal, em detrimento da Administração Pública, então, haverá responsabilidade. Essa é, desde logo,

esgarçamento dessa lógica, *que vale apenas em relação ao Estado*, para os fins de ressarci-lo e de recompor o Erário, por força de norma de ordem pública, que alguns viram a oportunidade de fazer a grande companhia brasileira de capital aberto pagar, em favor dos seus acionistas, pelo malfeito que seus administradores e controladores lhe causaram diretamente.

Isso se deu, desde logo, com a própria Petrobras, sob o irritante esquecimento de que aquela companhia petrolífera é ente da Administração Pública Indireta. Ou seja, acionistas minoritários da Petrobras pretenderam ressarcimento da própria Petrobras pelos danos de que a companhia foi vítima por atos de administradores e mesmo de alguns de seus empregados. E isso, como sabemos, deu-se no contexto da política de preços, dos contratos superfaturados revelados pela Lava Jato e nas operações de expansão e de internacionalização do refino. *Em todos esses casos, a vítima direta foi a companhia*! A vítima, repise-se, foi uma sociedade de economia mista (espécie de empresa estatal), ente da Administração Pública e, portanto, o Erário. Exigir ressarcimento da Administração Pública, nesse caso, seria duplamente absurdo, porque beneficiaria acionistas minoritários em detrimento de todo o povo, ao tempo que a companhia, saqueada por administradores inescrupulosos, seria obrigada a ressarcir um dano que não causou.[8]

uma regra que se destina a facilitar, por meio da distribuição de cargas de provas, a tarefa de detecção e de punição de condutas lesivas à Administração Pública." Cf. WARDE, Walfrido e SIMÃO, Valdir M. *Leniência*: elementos do Direito de Conformidade. São Paulo: Editora Contracorrente, 2019, pp. 19-20.

8 Cf., nesse sentido, mais uma vez, o artigo de Walfrido Warde para *O Globo*, em 22 de dezembro de 2017, e que continua lamentavelmente atual, sob o título: "Geni e a Petrobras". *O Globo*, Rio de Janeiro, 22 dez. 2017. Disponível em: https://oglobo.globo.com/opiniao/geni-a-petrobras-22222863. Acesso em: 18.07.2021.

É óbvio que a disposição da companhia em pagar a "fundos abutres" (um acordo de US$ 2,950 bilhões), em uma ação coletiva (*class action*) ajuizada no foro de Nova Iorque, no princípio de sua tramitação, açulou a ganância daqueles que começavam a entrever a oportunidade de criar, também por aqui, uma indústria de indenizações.[9] A receita do oportunismo, nesse caso, foi uma mistura de ira popular, de ignorância disseminada sobre os fundamentos do Direito Societário brasileiro (é fácil enganar quem ignora) e a corruptela de sociedades e de associações de acionistas, manejadas, muitas vezes por advogados, com vistas à captação maciça de clientela.

Entre os beneficiários do acordo – amplamente noticiado como "coisa boa" (que ajudava a restituir a fiabilidade da companhia) – havia, como já dissemos, muitos dos chamados "fundos abutres", especializados em adquirir, na "bacia das almas", ações de companhias em situação similar àquela em que se encontrava a Petrobras. Isso significa, apenas para ilustrar a perversidade que inspira o modelo norte-americano (absolutamente incompatível com o nosso), que esses fundos não eram acionistas à época dos fatos (como permite a disciplina das ações de classe naquele país) e não experimentaram, portanto, a brutal queda dos preços dos papéis da companhia, quando das revelações espetaculares da operação Lava Jato. Mas ainda assim foram os beneficiários de uma bilionária indenização paga, paradoxalmente, pela vítima. Ganharam na loteria!

9 Cf. *In re Petrobras Securities Litigation* (n. 14-CV-9662 (JSR)), que tramitou perante a Corte Federal do Distrito Sul de Nova Iorque, na qual os demandantes pleitearam indenização pelos danos indiretos experimentados, na condição de acionistas da Petrobras, em decorrência do esquema de corrupção revelado pela Operação Lava Jato.

Bilhões de reais saíram dos cofres públicos para enriquecer, ainda mais, espertalhões de Wall Street. Uma indenização maior do que os danos que a companhia declarou ter experimentado em razão do malfeito desnudado pela Lava Jato.[10] Foi incentivo mais do que suficiente para promover toda a sorte de malícias.

E esse movimento malicioso se fez, repise-se, para enriquecer alguns, em detrimento da macroempresa nacional (e de sua evidente função social), contra a qual delinquiram administradores, controladores e até mesmo empregados, por meio de toda a sorte de ilícitos que redundaram em violações de deveres fiduciários (no caso dos administradores), abuso de poder de controle (quando o controlador estava envolvido) e afronta aos deveres de fidelidade e de subordinação (nas hipóteses em que o ilícito foi perpetrado por empregado), respectivamente. Ou seja, em atos lesivos às companhias, diretamente.

Apareceram, do dia para a noite, as mencionadas associações de acionistas, quase sempre à míngua de acionistas; seus associados, o mais das vezes, adquiriam ações depois de deflagrado o problema, não eram acionistas que haviam comprado ações antes do dano causado à companhia. Essas associações, não raro, uniram-se a advogados, que, em alguns casos, não viram problemas em convidar publicamente acionistas, sobretudo acionistas institucionais

10 Cf., dentre outros, em 12 de novembro de 2015, a matéria de Darlan Alvarenga, Karina Trevizan e Lilian Quaino, para o G1, sob o título "Petrobras reafirma que perda com corrupção calculada é de R$ 6,2 bi". (ALVARENGA, Darlan; TREVIZAN, Karina; QUAINO, Lilian. "Petrobras reafirma que perda com corrupção calculada é de R$ 6,2 bi". G1, Rio de Janeiro, São Paulo. 12 nov. 2015. Disponível em: http://g1.globo.com/economia/negocios/noticia/2015/11/petrobras-reafirma-que-perda-com-corrupcao-calculada-e-de-r-62-bi.html. Acesso em: 18.07.2021.

(fundos de pensão, por exemplo), a tomar medidas contra as companhias, buscar delas ressarcimento pela queda do preço das ações de sua emissão. E, nesse ambiente, procedimentos arbitrais e a ação civil pública da Lei n. 7.913, de 7 de dezembro de 1989 (conhecida como "Ação Civil Pública do Mercado de Capitais"), foram manejados como corruptela das ações de classe do Direito norte-americano. Mais do que o esgarçamento dos procedimentos disponíveis no Direito brasileiro. Mais do que a articulação inventiva das técnicas à mão, como adiante veremos.

Este livro revela o manejo ilegal da ação civil pública disciplinada pela Lei n. 7.913, de 7 de dezembro de 1989, a que nos referimos acima como Ação Civil Pública do Mercado de Capitais, e que provê aos investidores uma medida coletiva à imputação de responsabilidade pelos danos que lhes forem causados no mercado de valores mobiliários. Mas também dos procedimentos arbitrais que, para o mesmo fim, tentam imitar, frequentemente com uso de propaganda e captação maciça de clientela, as ações coletivas, em especial as ações societárias de classe do Direito norte-americano.

Este livro se insurge contra a interpretação ilegal da referida lei e do remédio que contempla, mas também contra o uso indevido da arbitragem. E se opõe ao emprego inconstitucional dessas medidas, que alvejam indevidamente as empresas, que vulneram a afirmação dos princípios da legalidade estrita, da função social da propriedade, da livre iniciativa, bem como subvertem a disciplina infraconstitucional da responsabilidade de sócios e de administradores, que decorre de todos esses princípios e que está posta e assentada em nosso ordenamento jurídico. Insurge-se contra procedimentos e sentenças arbitrais que afrontam a ordem pública para determinar que a vítima indenize o algoz.

Este livro denuncia, portanto, uma indistinção equivocada entre empresa e empresário, que alimenta uma crescente indústria de demandas judiciais e arbitrais movidas contra companhias, todas elas sociedades anônimas de capital aberto, para que sejam obrigadas a indenizar os seus acionistas, o mais das vezes grupos pequenos de "investidores abutres", não raro organizados em "associações de papel", pelo suposto dano que sofreram, indiretamente, em decorrência da conduta ilegal de administradores ou de controladores dessas sociedades.

São pleitos absurdos de imputação de responsabilidade à sociedade, vítima direta dos atos danosos, formulados por acionistas (reflexamente vitimados).

É como se depois de um atropelamento que causou danos a dois pedestres, um deles movesse ação de reparação contra o outro, e não contra o motorista embriagado.

É uma sandice, mais uma de tantas, que se produz e reproduz no Brasil, por meio do transplante desautorizado e acochambrado de técnicas jurídicas estrangeiras, em especial das ações coletivas do Direito norte-americano, as quais, mesmo por lá, decadentes, submetem-se a intensa crítica, por seu efeito destruidor.[11]

11 Cf., MULLENIX, Linda S. "Ending Class Actions as We Know Them: rethinking the american class action". *Emory Law Journal*, vol. 64, n. 2, pp. 399-449, 2014, disponível em https://scholarlycommons.law.emory.edu/elj/vol64/iss2/14/. A autora, ao resumir seu estudo, explica que: "As ações de classe têm sido um elemento característico do contencioso norte-americano por mais de 70 anos. Durante a maior parte desse tempo, a ação de classe de matriz norte-americana foi ora desconhecida ora repelida mundo afora. Todavia, e a despeito dessa recepção fria no estrangeiro, a ação de classe norte-americana tem sido um elemento central desse verdadeiro direito processual de exceção, alimentado por uma narrativa histórica idealizada sobre si. Ainda que essa descrição romântica se mantenha, a experiência dos últimos 20 anos é uma crônica bastante distinta. As ações de classe do século XXI desenvolveram-se de um modo que definitivamente as excluem da Era de Ouro. A sua transformação levanta questões

Este livro tem, portanto, a pretensão de defender a macroempresa nacional, organizada sob a forma de companhia aberta, à luz das suas peculiaridades, dos níveis de distensão entre propriedade e controle que por aqui se encontram, mas, sobretudo, em observância à nossa necessidade de preservar os postos de trabalho, o conteúdo nacional, a arrecadação tributária (que depende do bom-sucesso das empresas e que pavimenta o desenvolvimento) e a competitividade do Brasil.

E isso não se faz em desprezo à tutela de minorias, aos direitos de acionistas em geral, bem como aos instrumentos que as sociedades dispõem à sua própria proteção. Muito ao contrário, o livro exibe, ao explicar o conteúdo e o modo de funcionamento de nosso sistema, o sem número de técnicas que o Direito Societário brasileiro oferta ao ressarcimento direto das companhias pelos danos que sofreram em decorrência da ação abusiva de seus controladores ou da violação de deveres fiduciários por seus administradores. E isso significa, com absoluta certeza, que não precisamos lançar mão de um estrangeirismo, de uma importação conceitual incompatível com a nossa realidade, para afirmar legítimos interesses das empresas e de seus sócios.

A ação societária de classe (no foro estatal ou na arbitragem) contra a empresa, para obter ressarcimento que lhes causaram controladores ou administradores, não se justifica, por aqui, como dissemos, porque afronta a nossa

legítimas acerca da justiça e da utilidade desse instrumento processual e sobre se, na atualidade, são capazes de atingir os seus objetivos por seus próprios fundamentos." (nossa tradução livre). Ou ainda, dentre muitos, pelo serviço de pesquisa do Congresso norte-americano, cf. LEWIS, Kevin M. "Suing Subway: when does a class action settlement benefit only lawyers?", In: *Congressional Research Service*, dec. 2017, disponível em https://crsreports.congress.gov/product/pdf/LSB/LSB10044. Acesso em: 18.07.2021.

lógica de imputação de responsabilidade, para determinar que a vítima pague. Mas, sobretudo, porque segundo o nosso modelo, a classe já se faz representar pela própria empresa. Os acionistas não precisam de uma nova coletividade. É a sociedade quem tem legitimidade para demandar contra o controlador e o administrador delinquentes. E, desse modo, beneficia reflexamente, sem distinções, todos os demais acionistas.

As ações de classe poderão mesmo se mostrar benfazejas em outras searas (e sob dadas circunstâncias), a exemplo da concreção de determinadas normas do Direito do Consumidor, mas jamais para alvejar a companhia no contexto da responsabilização de controladores e de administradores.

É curioso mesmo, que se argumente em favor das ações societárias de classe, por imitação do Direito norte-americano, para o bem dos acionistas minoritários e da observância das mais estritas regras de governança corporativa, num país que deliberadamente veda acesso à justiça a esses mesmos minoritários, ao aceitar regras – evidentemente inconstitucionais – que sujeitam grande parte de nossas principais companhias abertas, seus controladores e acionistas a um foro arbitral monopolista (a pretexto de que os serviços jurisdicionais do Estado não prestam!).

Sim, como se sabe, as nossas companhias abertas, listadas no segmento de mercado chamado de Novo Mercado (que supostamente lhes impõem níveis de governança mais elevados), sob a administração da única bolsa de valores do país, a B3, estão obrigadas a litigar, assim como seus controladores, administradores e acionistas, na câmara de arbitragem da B3, a chamada Câmara do Mercado, renunciando, portanto, ao foro estatal.

É um beco sem saída: as companhias precisam da B3 para que as suas ações se insiram no mercado secundário (sejam negociadas entre investidores), porque quanto mais líquidas (mais negociadas e negociáveis), maior o valor potencial das ações. E para que seus acionistas atuais e potenciais tenham acesso a essa liquidez, que se incrementa pela ideia de elevados padrões de governança (o que significa que há regras mais duras para administrar os chamados conflitos de agência), as companhias, mas, sobretudo, seus acionistas minoritários, submetem-se ao foro arbitral monopolista da Câmara de Arbitragem do Mercado (CAM), renunciando a qualquer outro.

A arbitragem é cara e, deliberadamente ou por laxismo, o nosso sistema submeteu as minorias ao modo mais dispendioso de solução de controvérsias, o que torna antieconômicos muitos dos litígios societários, abrindo uma avenida para abusos incuráveis, porque, o mais das vezes, os custos da arbitragem superam o benefício econômico almejado com a demanda.

Agora, ardilosamente, os que defendem as ações e arbitragens de classe para responsabilizar a companhia pelos danos que lhe foram causados por administradores e controladores, confundem, de propósito, as pretensões e demandas legítimas de acionistas em face da companhia, com pretensões e demandas que são exclusivamente da companhia.

E o pior: o que se vê, no arremedo de ações de classe, tentadas nos foros estatais ou arbitrais por aqui, é que minoritários, de verdade, não há. Nelas não se veem senão investidores institucionais, muitas vezes desesperados na tentativa de tapar buracos cavados por motivos inconfessáveis, ou associações de abutres.

Diante da fumaça e dos espelhos também há muitos que, sem maldade, batem palmas; são os ingênuos. Mas não são menos perigosos, nem menos culpados.

Sabemos que toda pilhagem é acompanhada de um esforço ideológico de invisibilidade, a fim de que as práticas que a sustentam sejam aceitas sem resistência.[12] Descerremos, pois, o véu que encobre esse estratagema contra a macroempresa nacional, defendendo-a, assim, dos abutres e dos ingênuos, sem esquecer que essa defesa depende da concreção de nossa adequada disciplina da responsabilidade de controladores e administradores, ou seja, da punição exemplar dos controladores e administradores delinquentes, sempre e diretamente, em favor da companhia vitimada, sob a certeza de que é essa a melhor maneira de salvaguardar os interesses de todos os acionistas e a fiabilidade dos mercados.

12 Afirmam, a propósito, Ugo Mattei e Laura Nader: "A invisibilidade da pilhagem e a aceitação, por parte da maioria, das práticas que a sustentam e que aparentemente de natureza benévola constituem um exercício ideológico, a esfera de domínio de ideólogos das correntes de pensamento dominantes". (MATTEI, Ugo; NADER, Laura. *Pilhagem:* quando o Estado de Direito é ilegal. São Paulo: Martins Fontes, 2013, p. 143).

CAPÍTULO I

# A disciplina jurídica da responsabilidade de acionistas e de administradores de sociedades anônimas

A disciplina jurídica da responsabilidade de acionistas e de administradores de sociedades anônimas é um elemento do sistema interno que se engendrou na Lei das Sociedades Anônimas (Lei n. 6.404/1976, LSA), diploma legal que contém em si um verdadeiro microssistema societário, que é operacionalmente fechado e cognitivamente aberto.[1]

Isso significa que esse sistema dispõe de tudo de que precisa para funcionar, ainda que se comunique com outros sistemas, a exemplo daquele contido em nosso Código Civil, que trata do regramento das sociedades contratuais (i.e., das sociedades simples, limitadas, em comandita, em conta de participação e em nome coletivo).

O microssistema societário, contido na LSA, provê todas as informações, regras e técnicas que caracterizam a disciplina jurídica da responsabilidade de acionistas e de administradores de sociedades anônimas.

Qualquer outro comando normativo ou diploma legal que se pretenda articulável a esse sistema e, no particular, a esse lugar do sistema (ou seja, àquela sua porção que trata da responsabilidade de acionistas e de administradores) não poderá determinar um embaraço operacional ou uma reversão de afetações e finalidades contempladas pelo sistema.

Isso importa dizer, desde logo, que a ação civil pública disciplinada pela Lei n. 7.913, de 7 de dezembro de 1989

1 Cf. LUHMANN, Niklas. *Soziale Systeme*. Frankfurt a Main: Peter Lang, 1983; ____. "Die Einheit des Rechtssystems". *Rechtstheorie*, Berlin, v. 14, pp. 129-154, 1983; ____. *Wissenschaft der Gesellschaft*. Frankfurt a Main: Peter Lang, 1990; ____. *Die Gesellschaft der Gesellschaft*. Frankfurt a Main: Peter Lang, 1997; TEUBNER, Gunther. *Recht als Autopoietisches System*. Frankfurt a Main: Peter Lang, 1989.

(ou uma arbitragem nela inspirada), não poderá confrontar a disciplina jurídica da responsabilidade de acionistas e de administradores disposta na LSA e, antes dela, a ordem constitucional sobre a qual se alicerça.

Um manejo que se dê ao embaraço operacional ou uma reversão de afetações e finalidades contempladas pelo sistema interno da LSA será, portanto, inconstitucional.

## 1.2 A DISCIPLINA JURÍDICA DA RESPONSABILIDADE DOS ACIONISTAS

O Direito Societário disciplina apenas as chamadas relações internas, senão, excepcionalmente, algumas relações externas com eficácia interna (como por exemplo o direito de credores da companhia diante de determinadas operações societárias).

Vale dizer que, ao tratar das responsabilidades, o Direito Societário somente se interessa por quatro feixes de relações: (a) de acionistas entre si; (b) de acionistas com a sociedade; (c) de acionistas com administradores; e (d) de administradores com a sociedade.

É, por isso que, segundo o Direito Societário e, em especial, sob o sistema interno da LSA, os acionistas podem responder apenas por atos lesivos à companhia e aos demais acionistas.

Há três grandes situações em que o acionista responde por danos causados à companhia:[2]

(*i*) por vício (em especial, fraude) de capitalização, na forma do art. 8º, §6º, 10º e 92º da LSA;
(*ii*) por abuso de voto, como disposto no art. 115, §§3º

2 O acionista se sujeita à ação de execução pelo inadimplemento do dever de

e 4º da LSA; e

(*iii*) por abuso de poder de controle, por força do art. 117 da LSA.

Nessas três hipóteses, a conduta do acionista poderá se associar (por conluio) à conduta de um ou mais administradores, com o que eles (os administradores) também responderão, em favor da companhia, na forma do que dispõe a disciplina da responsabilidade dos administradores, da qual trataremos adiante (cf. art. 117, §2º da LSA).

## 1.3 AÇÃO TÍPICA DE RESPONSABILIDADE POR ABUSO DE PODER DE CONTROLE

A LSA prevê uma ação típica, em favor da companhia, contra o controlador ou contra os membros do bloco de controle (tratando-se de controle conjunto), para a imputação de responsabilidade por abuso de poder de controle.

É a ação prevista no art. 246, para a qual, segundo a interpretação prevalente, o controlador e os membros do bloco de controle (sejam eles pessoas físicas ou jurídicas) têm *legitimidade passiva* na medida de sua responsabilidade.[3]

Essa ação confere, todavia, *legitimidade ativa originária* à própria companhia, assim como uma *legitimidade ativa*

realizar, nas condições previstas no estatuto ou no boletim de subscrição, a prestação correspondente às ações subscritas, como previsto nos arts. 106 e 107 da LSA. A ação, nesse caso, não garante a observância de uma responsabilidade, mas de um dever de prestar.

3 Como bem explica Alfredo Lazzareschi Neto, ainda que alguns autores façam distinção entre a ação de responsabilidade por abuso de poder de controle

*derivada*, por substituição processual, aos acionistas que representem 5% ou mais do capital social (art. 246, §1º, "a"), ou a qualquer acionista, desde que preste caução (art. 246, §1º, "b").

Em qualquer hipótese, e a despeito dos incentivos do §2º do art. 246 (honorários advocatícios de 20% e prêmio de 5% para o autor da ação), a indenização será devida exclusivamente à companhia.

## 1.4 A COMPANHIA NÃO SE CONFUNDE COM OS SEUS ACIONISTAS

A companhia é a vítima direta do abuso de poder de controle e, uma vez ressarcida, terá recomposto o seu patrimônio e eventualmente também o seu valor de mercado, o que determina o ressarcimento reflexo de todos os demais acionistas, vítimas indiretas do abuso.[4]

O fundamento lógico sob essa dinâmica é evidente, mas se desenvolve a partir da relação obrigacional que se estabelece entre a companhia e o acionista, desde a subscrição das ações de sua titularidade.

praticado por acionista controlador e a que decorre do abuso praticado por sociedade controladora, o entendimento prevalente, com base nos precedentes jurisprudenciais, é o de que o regime do art. 246 não se aplica apenas às sociedades controladoras, mas também aos acionistas controladores. Cf. LAZZARESCHI NETO, A. S. *A lei das S.A. comentada e anotada*. 6. ed., revista atualizada e ampliada, São Paulo: Quartier Latin, 2020.

4 Note-se, nesse sentido, que, como prevalece na jurisprudência dos nossos tribunais, é indispensável a prova do prejuízo causado à companhia, em decorrência do abuso do poder de controle, sem o que o pedido indenizatório será julgado improcedente. Cf. TJRJ, 2ª Câm., AC 5740/92, Rel. Des. Lindberg Montenegro, j. 18.5.1993. E, no mesmo sentido, STJ, REsp 19836/SP, Rel. Min. Claudio Santos, DJU 23.3.1992.

As sociedades anônimas (também chamadas de companhias) são formas societárias de responsabilidade imanente (ou limitada, numa acepção menos precisa).[5]



5 As sociedades de capitais são ordinariamente designadas na doutrina pela expressão sociedades de responsabilidade limitada. Fazem-no, do mesmo modo, inúmeros ordenamentos (Nesse sentido, cf., no Direito francês, a Lei n. 66-537, de 24 de julho de 1966 (LSCf), que se refere a *sociétés à responsabilité limitée*, no Direito espanhol, a LSRLesp, de 17 de julho de 1953, bem como, no Direito italiano, a *società a responsabilità limitata* disciplinada no Capítulo VII do Livro V do *Codice Civile*), quer para se referir a uma forma societária caracterizada pela "limitação de responsabilidade", quer para nomear um tipo específico de sociedade – a pequena anônima – apresentada ao mundo como *Gesellschaft mit beschränkter Haftung* pela lei alemã de 1892. Por não descrever com precisão a realidade, a expressão é incorreta (cf., nesse sentido, RUBIO, J. *Curso del derecho de sociedades anónimas,* Madrid: Editorial de Derecho Financiero, 1967, p. 131; e RIVOLTA, Gian Carlo M. "Sulla società a responsabilità limitata: precedenti storici ed orientamenti interpretativi", *Rivista di Diritto Civile*, vol. 1, 1980, p. 470). A sociedade não tem, via de regra, a sua responsabilidade limitada, a não ser quando é sócia de outra sociedade e goza do privilégio da limitação de responsabilidade. Pode, à vista do que determinem eventuais relações jurídico-obrigacionais de que seja parte, ser titular de deveres de prestar, pelos quais responde – sem exceção – todo o seu patrimônio. Por isso, alguns autores sugerem o emprego da expressão sociedades de responsabilidade imanente (quando apenas o patrimônio social responde pelas dívidas), em oposição a sociedades de responsabilidade transcendente (para os casos em que o patrimônio dos sócios responda também por dívidas sociais). Cf. CRUZ BLANCO, Pérez de la. "La reducción del capital en sociedades anónimas e de responsabilidad limitada". *Publicaciones de Real Colegio de España en Bolonia*, 1973, p. 26, nota 2. O que se pretende com o uso da terminologia tradicional é, em verdade, fazer referência – relativamente a dado tipo societário – à disciplina da responsabilidade patrimonial dos sócios pelo cumprimento de dever de prestar de titularidade da sociedade. Diz-se limitada a responsabilidade dos sócios quando há restrições de imputação impostas pela norma. Não obstante, também não é inteiramente correto falar-se que os sócios têm responsabilidade limitada. No caso das sociedades de capitais, como as sociedades anônimas, a transferência da propriedade das entradas – em contraprestação à aquisição de um direito de crédito sobre parte dos eventuais resultados da empresa – afasta qualquer responsabilidade dos sócios pelo pagamento de dívidas sociais. Eles são, à vista da natureza creditória de seus direitos e por não deterem mais quaisquer poderes de disposição sobre o patrimônio social, irresponsáveis. De qualquer forma, feitas as ressalvas relativas à imprecisão terminológica, empregaremos aqui "responsabilidade limitada dos sócios" (ou "limitação de responsabilidade") como sinônimo de "irresponsabilidade" e continuaremos,

As formas societárias de responsabilidade imanente, a exemplo da sociedade anônima, não se confundem com os seus sócios, porque ostentam personalidade jurídica própria e um patrimônio separado, distinto do patrimônio dos sócios. Essa autonomia decorre das relações de troca que entretêm os acionistas e a companhia.

A companhia emite ações por um preço determinado. Essas ações representam frações do patrimônio social (ou do capital social, que é todo o patrimônio no momento da constituição da sociedade[6]), e são adquiridas por investidores, por meio da prestação das chamadas entradas de capital, em favor da companhia.

No detalhe, o que acontece é que a companhia emite ações novas, que são subscritas e integralizadas por aqueles

por vezes (até mesmo porque foi essa a opção de nosso legislador), a nos referir às sociedades por quotas como sociedades limitadas.

6 O capital social é, atualmente, uma unidade complexa ou um fenômeno complexo, mas unitário. Cf. FORTUNATO, Sabino. "Capitale e Bilanci nella S.P.A.". *Rivista delle Società*, Milano, vol. 36, n.1, gen./feb. 1991, pp. 125 *et seq*. Na sua vertente formal é o elemento do pacto que se consubstancia numa cifra – representativa da soma dos valores nominais das participações sociais fundadas em entradas de bens, não do valor das próprias entradas – e que, inscrita no lado direito do balanço, determina o valor em que o ativo há de superar o passivo. Cf. URIA, Rodrigo. *Derecho Mercantil*. Madrid: Marcial Pons, 1996, p. 229; PORTALE, Giuseppe B. "Capitale Sociale e Società per Azzioni Sottocapitalizza". *Rivista delle Società*, Milano, n. 1, genn./febb. 1991, pp. 1 *et seq*. Na acepção real, entretanto, é constituído por uma massa de bens – não determinada qualitativamente, exceto no momento da constituição – que é uma fração ideal do patrimônio líquido e que se destina a cobrir o valor do capital social nominal. A sociedade é obrigada a conservar intacta tal quantidade de bens que apenas poderá ser afetada pelos azares e vicissitudes da atividade empresarial. Cf. Domingues, Paulo de Tarso. *Do capital social, noção, princípios e funções*. Coimbra: Coimbra Ed. 1998, pp. 50 *et seq*. O capital social compõe-se, apenas em sua acepção real, por parte das posições ativas que integram o patrimônio e, nesse sentido, é seu componente. Disso se deduz, consequentemente, um conceito de patrimônio.

que desejam se tornar seus acionistas ou, no caso em que já sejam acionistas, aumentar sua participação acionária. 

A subscrição é o ato unilateral pelo qual alguém se obriga a adquirir ações de emissão da sociedade e a pagar ou dar em pagamento o preço de emissão dessas ações.

A integralização é o efetivo pagamento (em dinheiro) ou a dação em pagamento (em bens ou em crédito) do preço de emissão das ações subscritas, e caracteriza o que se chama de entrada de capital, precisamente porque esses ativos passam a compor o capital e o patrimônio social.

Assim, realizada a integralização, o subscritor passa a ser "dono" das ações que subscreveu e a companhia, "dona" das entradas de capital.

As ações subscritas e integralizadas conferem um direito de crédito eventual ao acionista, que consiste no direito de receber dividendos quando e se a companhia apurar lucros e a sua administração decidir distribuí-los, na forma da lei.

Essas ações também conferem ao seu titular um direito de reembolso, ou seja, o direito de receber o seu valor líquido, em caso de liquidação ficta (a exemplo das hipóteses de exercício de direito de recesso [situação em que a lei permite que o acionista se retire da companhia]) ou de liquidação efetiva do patrimônio social, em decorrência da dissolução total da sociedade.

Além desses direitos patrimoniais, algumas ações (as ações ordinárias) também podem conferir direito de voto, que têm natureza acessória, porque permite que os seus titulares influam nos desígnios da sociedade, para que tome decisões acertadas, de modo a maximizar os lucros para todos os acionistas e o valor das ações de emissão da companhia.[7]

7 Se o Estatuto nada disser, a ação tem direito de voto; algumas ações podem

Como as ações, via de regra (a não ser que haja algum pacto de bloqueio), podem ser cedidas livremente, então, quando vendidas, transferem todos os direitos a elas inerentes ao novo proprietário.

Esse estado de coisas ilustra bem a completa separação entre o patrimônio da companhia e o de seus acionistas, ainda que os direitos contemplados pelas ações se apreciem ou se depreciem em razão de oscilações do valor de mercado da companhia. E é exatamente por conta dessa separação patrimonial que o acionista não responde pelas dívidas da sociedade e vice-versa.

> *Um dano ao patrimônio da companhia não será, portanto, um dano ao patrimônio dos seus acionistas e, definitivamente, um dano ao patrimônio dos acionistas não significará um dano ao patrimônio da companhia, como seria natural se as esferas patrimoniais estivessem conectadas, se fossem vasos comunicantes.*
>
> Disso resulta que *a companhia não pode ser instada a indenizar o acionista por um dano sofrido diretamente por si, ainda que esse dano reflita no valor das suas ações e dos direitos que essas ações contemplam.*

## 1.5 AS DEMAIS HIPÓTESES DE RESPONSABILIDADE DOS ACIONISTAS

Vale dizer, por fim, ainda no que se refere à responsabilidade dos acionistas, especialmente nos casos de vício de

deixar de ter esse direito, se assim estipular o estatuto.

capitalização (em especial, por fraude), na forma do art. 8°, §6°, 10° e 92° da LSA, e de abuso de voto, como disposto no art. 115, §§3° e 4° da LSA, que essas situações correspondem, o mais das vezes, a modalidades de abuso de poder de controle, naturalmente quando o agente é o controlador ou o bloco de controle.

É normalmente o controlador ou o bloco de controle que, valendo-se do seu poder e da sua posição, aprova uma capitalização fraudulenta, ou seja, que sobreleva artificialmente, por exemplo, o valor de um bem imóvel ou de um crédito a ser integralizado. Assim como será, com frequência, também o controlador aquele que vota, para aprovar deliberações, em conflito com o interesse da companhia e dos demais acionistas.

São condutas típicas, previstas no rol exemplificativo de modalidades de abuso de poder de controle, disposto na norma do art. 117 da LSA.

E, desse modo, tudo o que se disse acima, em relação à ação típica do art. 246, valerá também para essas hipóteses de imputação de responsabilidade.

## 1.6 A DISCIPLINA JURÍDICA DA RESPONSABILIDADE DOS ADMINISTRADORES

Os administradores de sociedades anônimas, por sua vez, estão sujeitos a deveres específicos, sobre os quais se escora a disciplina de sua responsabilidade perante a companhia.

O papel que exercem administradores de uma companhia, i.e., os diretores, os membros do conselho de administração e aqueles a eles equiparados para os fins de responsabilidade (ou seja, os membros do conselho fiscal), não se confunde com a sua condição eventual e cumulativa de acionistas.[8]

Isso significa, como é corriqueiro, que uma mesma pessoa poderá ser administradora e acionista, com o que se sujeitará, por fundamentos distintos, tanto à disciplina da responsabilidade dos acionistas quanto dos administradores.

## 1.7 OS DEVERES FIDUCIÁRIOS

Os deveres atribuídos aos administradores, em razão da função que exercem, decorrem da confiança, que é a causa do liame que se estabelece entre eles e a companhia.

E não será outro o motivo pelo qual são conhecidos como *deveres fiduciários*, uma vez que se atribuem em razão da confiança expressa pela companhia, com a qual assentem os administradores ao assumir o cargo e as competências a ele inerentes.

É a confiança de que irão se desincumbir dessas tarefas, i.e., das tarefas de diretor e de membro do conselho de administração (à luz das competências prescritas na lei e nos estatutos).

Essa relação de confiança se estabelece naturalmente com a companhia, não com os seus acionistas, porque, como se sabe, a companhia e os acionistas não se confundem. E é por isso evidentemente que esses deveres atribuídos aos administradores ensejam responsabilidades perante a companhia.

Os administradores respondem perante a companhia por violação:

8 Cf., nesse sentido, a regra do art. 117, §3º da LSA.

(*i*) aos *deveres de cuidado e diligência*, na forma do art. 153 da LSA;
(*ii*) ao *dever de lealdade*, como previsto nos arts. 155 e 156 da LSA; e
(*iii*) ao *dever de informar*, disciplinado pelo art. 157 da LSA.

## 1.8 DEVERES DE CUIDADO E DILIGÊNCIA

Os deveres de cuidado e diligência se definem, na forma da lei, sob o paradigma da conduta do homem ativo e probo à administração dos próprios negócios.

O que o legislador exige do administrador de companhias é que as trate, que trate seus negócios, com o mesmo zelo (e aqui não se fala senão lateralmente de técnica ou de habilidade) com que trata as suas próprias coisas.

O gestor da coisa própria, probo e ativo, ostenta capacidades morais, inerentes à probidade, que não se relacionam à fidelidade (coberta pelo dever de lealdade), mas à honestidade na condução da vida negocial (na eticidade geral, que tem a ver com transparência, equidade e senso de justiça, no contexto da empresa), assim como capacidades intelectivas e uma prontidão que decorrem da sua fluência, da intensidade de sua atividade negocial.

Essas qualidades devem naturalmente se referir à companhia, ao trato da companhia e de seus interesses, porquanto será ela e apenas ela a titular do interesse juridicamente tutelado (confira-se, nesse sentido, o que dispõe a norma do art. 154, §1º, da LSA).

Além disso, o administrador deve ser fiel à sociedade.

É claro que o descuido é uma forma de traição, mas o que se quer aqui é evitar apunhaladas pelas costas, o conflito de interesses, o conluio fraudulento, em prejuízo da companhia.

É, por exemplo, violação ao dever de lealdade:

> (*i*) explorar para si ou para outrem oportunidades negociais de que tenha conhecimento em razão da posição que ocupa (art. 155, I, da LSA).
> (*ii*) omitir-se no exercício ou na proteção de interesses da companhia (aí incluídas as oportunidades de negócio), com o fim de obter vantagem para si ou para outrem (art. 155, II, da LSA);
> (*iii*) adquirir, para revender com lucro, bem ou direito que sabe necessário à companhia, ou que esta tencione adquirir (art. 155, III, da LSA);
> (*iv*) usar informações sigilosas da companhia para obter, para si ou para outrem, vantagem mediante compra ou venda de valores mobiliários (art. 155, §1º, da LSA);
> (*v*) intervir em qualquer operação social em que tiver interesse conflitante ao da companhia (art. 156, *caput*); e
> (*vi*) contratar com a companhia fora de condições de mercado (art. 156, §1º, da LSA).

Essas condutas, que não são taxativas, apenas lançam informações do que significa, em concreto, a lealdade que se espera dos administradores.

É claro que o conluio de administradores de companhia com políticos e empreiteiras, como desvelou a operação Lava Jato e tantas outras antes dela, caracteriza, por parte dos administradores, uma clara violação ao dever de lealdade, à semelhança dos simples e grosseiros saques das contas da sociedade.

Em quaisquer hipóteses, são atentados contra os interesses e os direitos da companhia.

## 1.10 DEVER DE INFORMAR

As companhias, nas relações com seus administradores, têm direito ao cuidado e à lealdade, mas também à informação.

O dever de informar é claramente acessório à observância dos dois principais deveres fiduciários de cuidado e de lealdade.

O administrador deve informar por zelo e por fidelidade. A informação, o provimento de informação clara e objetiva à companhia é condição do cumprimento dos demais deveres fiduciários.

O administrador de companhia aberta, ao firmar termo de posse, deve, por exemplo, informar o número de ações, de bônus de subscrição, de opções de compra de ações e de debêntures conversíveis em ações, de emissão da companhia e de suas controladas, de que seja titular (cf. art. 157, *caput*, da LSA).

Essa informação é essencial para que a companhia supervisione o cumprimento de seus deveres de lealdade, em especial para que seja capaz de detectar eventuais conflitos de interesse e o uso de informação privilegiada (o *insider trading*).

E, nesse sentido, o cumprimento do dever de informar também interessa à administração e à fiabilidade do mercado de valores mobiliários, para proteger investidores atuais e potenciais, mas, sobretudo, a reputação das companhias abertas e a sua capacidade de ofertar seus papéis ao público anônimo.

## 1.11 RESPONSABILIDADE PELA VIOLAÇÃO DE DEVERES FIDUCIÁRIOS

Os administradores respondem perante a companhia pelos danos que lhe causarem pela violação de deveres fiduciários.

Responderão também, perante a companhia, quando lhe causarem danos ao desbordar de suas competências, com culpa ou dolo, e em afronta à lei e aos seus estatutos (hipóteses em que invariavelmente terão violado deveres fiduciários).

## 1.12 A AÇÃO TÍPICA DE RESPONSABILIDADE DOS ADMINISTRADORES DE COMPANHIA

A LSA contempla uma ação típica de imputação de responsabilidade aos administradores.

É a ação do art. 159 da LSA, segundo a qual a companhia pleiteará que o administrador responda pelos danos que lhe causou.

É ação para a qual a companhia tem legitimidade ativa, mediante a prévia autorização de sua assembleia-geral (art. 159, §1º, da LSA).

A deliberação que autoriza o ajuizamento da demanda, desde logo, impede o administrador de remanescer no cargo e pressupõe a sua substituição na mesma assembleia (art. 159, §2º, da LSA).

Caso a administração não cumpra, em até três meses contados da deliberação, a ordem da assembleia de ajuizar a ação, então, qualquer acionista poderá fazê-lo, *sempre em favor da companhia* (art. 159, §3°, da LSA).

Mas se a assembleia deliberar contra o ajuizamento da ação, ainda assim os acionistas que representem ao menos 5% do capital poderão fazê-lo (art. 159, §4°, da LSA). É claro, também nessa hipótese, como substitutos processuais da companhia, porque todos os proveitos da ação sempre se destinam à companhia, para os fins de indenizá-la pelos danos que lhe causou o administrador faltoso (art. 159, §5°, da LSA).

O art. 159 também se refere a uma outra ação de imputação de responsabilidade, para a qual o acionista e o terceiro ostentam legitimidade ativa para pleitear indenização dos administradores pelos danos que lhes tenham causado diretamente (art. 159, §7°, da LSA).

O legislador o fez para distinguir essa ação, que tutela direitos de acionistas e terceiros, da ação que garante direito da companhia.

A ação direta do acionista contra o administrador, tratada no art. 159, §7°, da LSA, pressupõe evidentemente um dano direto ao acionista e não à companhia.

São as hipóteses claras de conduta discriminatória (ou seja, que pressupõe um tratamento desigual em relação a um acionista ou a um grupo de acionistas), mas antes delas, com mais frequência, aqueles casos em que o dano experimentado pelo acionista (e apenas por ele, não pela companhia) decorre de ato do administrador.

Tomem-se como exemplo as situações em que, munido de informação privilegiada, o administrador realizou negócios no mercado, em detrimento das contrapartes com quem contratou. Se esses negócios tiveram por objeto ações de emissão da companhia, as contrapartes são invariavelmente novos ou antigos acionistas, prejudicados porque compraram ou venderam sob vício de consentimento.

De todo modo, *os acionistas não têm ação contra os administradores para pretender a indenização de danos causados à companhia*, senão na condição de substitutos processuais, nas duas hipóteses dos §§3º e 4º do art. 159 da LSA.

E a *companhia*, evidentemente, *tampouco tem ação contra os seus administradores para pretender indenização por danos diretamente experimentados pelos acionistas* (ainda que essa hipótese seja remota, uma vez que danos diretos aos acionistas, o mais das vezes, impõem prejuízo também à companhia, notadamente à sua reputação e ao seu crédito nos mercados).

## 1.13 A COMPANHIA NÃO RESPONDE POR DANOS QUE LHE CAUSARAM SEUS ADMINISTRADORES E ACIONISTAS

A LSA sequer cogita, porque seria absurdo, que o acionista pudesse pretender ressarcimento da companhia por danos causados à companhia por seus administradores.

A companhia *não* responde por danos que lhe causaram seus administradores e acionistas.

Caso um ou mais acionistas tenham causado dano à companhia, responderão, como se viu, sob os mencionados fundamentos, por meio de ações próprias, previstas na LSA, sempre em favor da companhia, que será a única titular do direito ao ressarcimento.

Se um ou mais administradores descumprirem deveres fiduciários e causarem danos à companhia, ela terá, por si ou por substitutos processuais, nas hipóteses previstas na LSA, direito de ressarcimento, como se viu, *apenas* para si.

## 1.14 A DIFICULDADE, SENÃO IMPOSSIBILIDADE, DE CARACTERIZAÇÃO DE DANO REFLEXO COM BASE NA OSCILAÇÃO DO PREÇO DAS AÇÕES

Os demais acionistas, nessas duas hipóteses, ou seja, nos casos em que a companhia for diretamente prejudicada por acionistas ou administradores faltosos, não terão ação contra eles, simplesmente porque não experimentaram dano direto, senão um dano reflexo decorrente da diminuição eventual do preço de suas ações.

E se trata mesmo de uma diminuição eventual de preço, precisamente porque o preço de ações no mercado de valores mobiliários, muitas vezes, não se estabelece por um único critério e, mais do que isso, por critérios objetivos.

O dano causado à companhia e mesmo a sua percepção pelo mercado poderá, como acontece muitas vezes, não impactar negativamente o preço das ações, com o que não haverá sequer uma perda reflexa para os acionistas.

Viu-se, não raro, com o envolvimento de companhias abertas em corrupção – no particular, quando, em acordos de leniência, quem se comprometeu a indenizar o erário foram os seus controladores –, casos em que a companhia se beneficiou dos atos ilícitos (de seus acionistas e administradores) e apenas o controlador respondeu por eles.

Nesses casos, os atos lesivos de controladores e de administradores beneficiaram a companhia e reflexamente todos os seus acionistas, sem que – à vista da integral assunção de responsabilidade pelo controlador – a companhia tenha experimentado qualquer dano, ainda que lateral.

Os resultados adversos reflexos da conduta de acionistas abusivos (frequentemente do controlador) e de administradores faltosos, em relação aos demais acionistas inocentes, também não se medem adequadamente por oscilações de preço das ações.

A volatilidade (oscilação para cima e para baixo) dos preços e as pressões de queda raramente se explicam apenas por um único fator. Suas causas são engolfadas pela enorme complexidade de variáveis que concorrem à formação dos preços no mercado acionário, como se dessume da evidente dificuldade de antecipar preços e até mesmo tendências de mercado.

É bem por isso que a LSA não contempla qualquer pleito indenizatório em favor de acionistas por danos causados à companhia, ou mesmo por danos indiretos que tenham experimentado.

A única hipótese se refere a danos diretos! E, é claro, contempla ação dos acionistas prejudicados contra o administrador faltoso e/ou contra o controlador abusivo que deram causa ao dano, jamais contra a companhia.

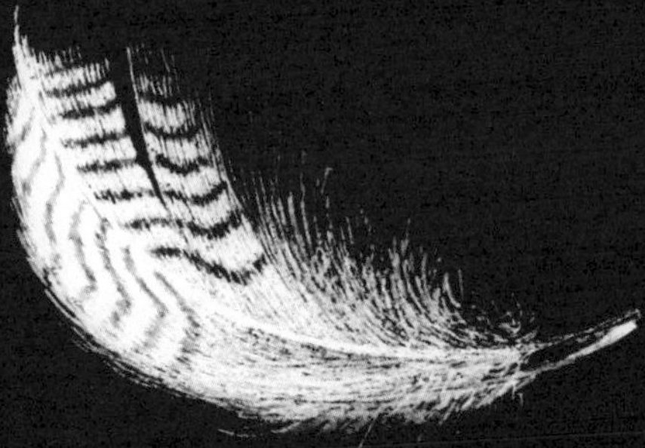

CAPÍTULO II

# A ação coletiva da lei n. 7.913, de 7 de dezembro de 1989, só serve à indenização de danos diretos ao acionista, hipótese em que a LSA confere ação contra o administrador faltoso e/ou o controlador abusivo

É exatamente a ação dos acionistas contra os administradores faltosos e/ou contra o controlador abusivo, que lhes causaram um dano direto, a demanda instrumentalizada pela ação coletiva da Lei n. 7.913, de 7 de dezembro de 1989, a "Lei da Ação Civil Pública do Mercado de Capitais". *Jamais ação de acionistas contra a companhia por danos que o administrador faltoso e/ou contra o controlador abusivo causaram contra ela.*

Essa lei confere garantia processual, por meio de uma ação coletiva, aos acionistas que experimentaram danos diretos em decorrência do descumprimento do dever de informar.

Cuida, portanto, das hipóteses em que:

(*i*) o controlador ordenou ao administrador que divulgasse informação falsa, incompleta ou tendenciosa, para falsear igualmente a vontade dos agentes no mercado acionário, criar incentivos artificiais para a compra ou para a venda de papéis da companhia; e

(*ii*) o controlador e/ou o administrador usaram informações sigilosas para obter vantagens, para si ou para outrem, no mercado de valores mobiliários.

Essas são situações de abuso de poder de controle e de violação de deveres fiduciários, em especial do dever de lealdade (por meio do descumprimento proposital do dever de informar), cuja responsabilidade é exclusivamente imputável ao acionista controlador e ao administrador, conforme o caso.

No *insider trading*, o *insider*, que pode ser o administrador, o controlador, um empregado, um preposto, ou ainda um *tipee*, i.e., aquele que recebeu uma "dica", de qualquer um desses *insiders*, usa uma informação secreta, uma informação sigilosa, que não foi disponibilizada ao público em geral, para realizar negócios que sejam vantajosos para si ou para terceiros.

O *insider* conhece informação que, uma vez revelada, terá impacto no preço das ações, positivo ou negativo. E, antes da revelação, compra ou vende, sob um preço ainda não impactado pela divulgação.

Imagine um diretor de companhia que sabe que, dali a alguns dias, serão divulgados os números do exercício, que contemplam uma lucratividade acima da experimentada nos anos anteriores. E que, de posse dessa informação, compra ações no mercado, que ainda não foram valorizadas pela informação que será divulgada um pouco adiante.

É claro que, nesse caso, o administrador causou um dano direto ao antigo acionista, que lhe vendeu suas ações, sem saber que elas se valorizariam com a nova informação.

Uma situação análoga é aquela em que o administrador divulga informações falsas para, por exemplo, reforçar a bonificação que, nessa hipótese, a companhia lhe deve.

Ou, então, o controlador que força administradores a "dourar a pílula", a prover informações propositalmente maquiadas, para aumentar a liquidez (i.e., a procura) por ações que pretende vender em uma oferta pública.

Em todos esses casos, o acionista que negociou ações sob falsas premissas, com base em informações falsas, distorcidas ou parciais, sofreu dano direto, que lhe causaram o administrador faltoso e/ou o controlador abusivo, jamais a companhia.

E é por isso que esse acionista (ou uma comunidade de acionistas afetada, no caso da ação civil pública) tem ação de responsabilidade contra o administrador faltoso e/ou contra o controlador abusivo.

Mas a companhia, também nessas hipóteses, será prejudicada direta ou indireta, pelo que também terá uma das ações de responsabilidade contempladas pela LSA contra os mesmos delinquentes.

A companhia, nos exemplos narrados, sofrerá um dano reputacional, para além de prejuízos específicos, decorrentes da perda ou diminuição de sua capacidade de financiamento no mercado de capitais, da perda ou da diminuição do crédito, com consentâneo encarecimento do custo de capital etc.

A companhia não pode ser vítima e algoz ao mesmo tempo. E, em qualquer circunstância, será vítima, ou dos atos do controlador ou dos administradores.

Como vimos, se esses atos (do controlador ou do administrador) determinarem dano direto a acionistas, então os acionistas diretamente prejudicados terão ação contra o controlador e os administradores, não contra a companhia.

Poderão fazê-lo (responsabilizar o controlador abusivo ou o administrador faltoso), à luz da ação da Lei n. 7.913, de 7 de dezembro de 1989, coletivamente, mas jamais demandar contra a companhia. A legitimidade passiva nas ações civis públicas é atribuída às pessoas responsáveis pelos danos morais e patrimoniais aos interesses difusos e coletivos, e a companhia, como já dissemos, é vítima das condutas ilícitas, assim como os acionistas.

*O mesmo vale para a arbitragem que emule as finalidades da Lei n. 7.913/1989.*

Alguém dirá, diante desse estado de coisas, que, assim, a companhia é irresponsável por seus atos.

Nada seria mais equivocado.

A companhia responde perante terceiros, ainda que, pragmaticamente, como propôs o grande jurista inglês do século XVIII, William Blackstone, em lição ainda insuperável: "Uma companhia não pode, à vista de sua capacidade jurídica, cometer traição, ou contravenção, ou outro crime qualquer; seus membros, por outro lado, poderão fazê-lo no exercício de suas distintas capacidades".

Serão sempre os seus empregados e/ou administradores a causar dano a terceiros. Ainda assim, a companhia responde, mesmo que a LSA, como vimos, assegure aos terceiros também ação contra o administrador que tiver dado causa ao dano.

Não o faz em relação aos acionistas, os quais a lei tutela, ofertando-lhes meios, estruturas e instrumentos para mitigar os eventuais conflitos de agência, que estão na causa da delinquência de controladores e de administradores.

É essa a razão da tutela de minoria, das prerrogativas à indicação de membros dos conselhos de administração e fiscal, da disciplina do conflito de interesses e da pesada regulação imposta pela Comissão de Valores Mobiliários, voltada à imposição de regras de transparência.

Além de tudo isso, as companhias abertas, quando suas ações são negociadas no mercado bolsista, sujeitam-se à regulação privada, i.e., aos regulamentos do segmento de mercado onde seus papéis são negociados, aos quais obrigatoriamente aderem.

Se esses controles falham porque o controlador e/ou o administrador delinquiram, a primeiríssima vítima é a companhia. O acionista terá ação apenas se for o prejudicado direto. E essa ação deverá ser proposta contra o administrador faltoso ou contra o controlador abusivo, *jamais*, como vimos, contra a companhia.

A ação civil pública da Lei n. 7.913/89, assim como quaisquer procedimentos arbitrais, não pode desbordar dessa regra e da lógica em que se escora o Direito Societário. Desse modo, a utilização da ação civil pública (ou de arbitragens) para obrigar a companhia, nos casos contemplados pela referida lei, a indenizar acionistas que foram prejudicados por administradores faltosos ou por um controlador abusivo é evidentemente ilegal.

Afronta não apenas as ações societárias típicas da LSA, i.e., as exaurientes hipóteses de ação de responsabilidade previstas em nossa lei acionária, mas a lógica particular do sistema interno que essa lei contempla, com evidente amparo constitucional.

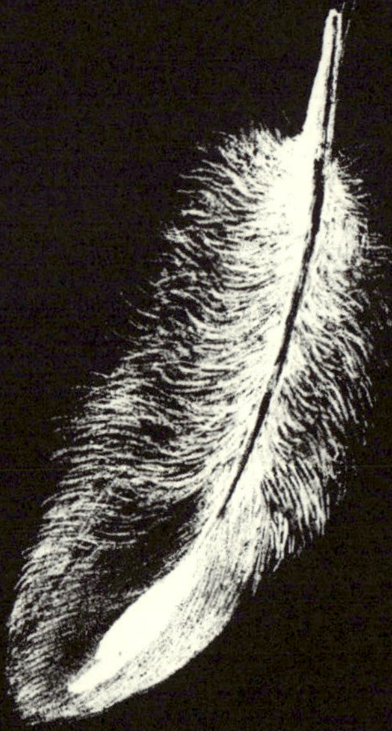

CAPÍTULO III

# O ajuizamento da ação civil pública da lei n. 7.913 para imputar responsabilidade à companhia e de arbitragem para os mesmos fins é inconstitucional

A ideia de coordenação de classes sociais medeia a relação entre o *ius abutendi* e as forças de oposição à propriedade privada por meio do implante de um elemento solidarístico nas dimensões axiológica e sociológica do Direito.[1]

A concepção tradicional do direito de propriedade, sob forte influência de uma consciência pré-jurídica do fenômeno que a ele se refere, atribui ao "dono" um poder absoluto em relação à coisa sob o seu domínio, para a usar (*utendi*), para dela gozar (*fruendi*) e mesmo para a destruir (*abutendi*), segundo a sua vontade.

Essa concepção sofreu, ao longo dos séculos e dos muitos influxos civilizatórios, uma gradativa redefinição semântica. E não será outra a causa, senão uma antecedente redefinição do conteúdo da ética.

É certo que as visões coletivistas do mundo fizeram pressão sobre a propriedade privada, ao ponto de ruptura, como as que, de fato, trabalharam para o seu esvanecimento – com avanços e retrocessos – na União Soviética, a partir da Revolução de Outubro de 1917 e, sob a sua influência, com a internacionalização do comunismo.

O aparecimento do Estado do Bem-Estar Social foi uma resposta liberal ao impulso de relativização da propriedade. E não é à toa que a ideia de função social da propriedade apareceu, já nos anos 1910, na Europa, como uma tentativa

1 Sobre a solidariedade no Direito: SUPIOT, Alain (Coord.). *La solidarité*: enquête sur un principe juridique. Paris: Odile Jacob, 2015; BRUNKHORST, Hauke. *Solidarity*: from civic friendship to a global legal community. Cambridge, Ma: MIT Press, 2005; THÉRON-HECQUARD, Maryvonne. *Solidarité(s)*: perspectives juridiques. Toulouse: Presses de l'Université des Sciences Sociales de Toulouse, 2008; MARTÍN, Carlos de Cabo. *Teoría Constitucional de la solidaridad*. Madrid: Marcial Pons, 2006.

de coordenar as classes sociais; uma tentativa precisamente projetada para suplantar o antagonismo de classes denunciado pelo marxismo.

Tratou-se, a toda prova, de um esforço de transformação social por meio do Direito.

A famosa aula de Léon Duguit, na Faculdade de Direito de Buenos Aires[2], que daria vida ao trabalho seminal sobre "la proprietè fonction sociale"[3], representa esse esforço da Política do Direito para transformar a dogmática, o direito objetivo e jurisdicizar, em princípio, uma relativização do direito de propriedade.

E é por isso que afirmarmos que a ideia de articulação social, que subjaz à função social da propriedade, preside a relação entre o *ius abutendi* e o fim da propriedade privada, mediante a introdução de um elemento solidarístico nas dimensões axiológica e sociológica do Direito.

O direito de propriedade ganha um novo significado, submetido a interesses transindividuais, que desbordam o campo dos interesses exclusivamente egoísticos do seu titular, porque interessam toda a sociedade, ao contemplar elementos de produção. *Deveres* passam a condicionar o

2 Trata-se de conferência, a última de uma série de seis, proferida em Buenos Aires, em setembro de 1911. Cf. Duguit, Léon. *Les transformations générales du droit privé depuis le Code Napoléon*. 2. éd. Paris: Felix Alcan, 1920. pp. 147 ss. Entre nós, é notória a opinião de Fábio Konder Comparato. Cf. "Função social da propriedade dos bens de produção". Comunicado apresentado no XII *Congresso Nacional de Procuradores de Estado*, Salvador, de 1 a 5 set. 1986, painel sobre "A função social da propriedade". *Revista de Direito Mercantil, Industrial, Econômico e Financeiro*, São Paulo, v. 25, n. 63, pp. 71-79, jul./set. 1986. "Estado, empresa e função social", Comunicação à XVI *Conferência Nacional dos Advogados*, Fortaleza, set. 1996. *Revista dos Tribunais*, São Paulo, v. 85, n. 732, pp. 38 ss., out. 1996.

3 Ideia semelhante, no que concerne à função social da propriedade, já havia sido proposta pelos Fisiocratas. Cf. Hugon, Paul. *História das doutrinas econômicas*. 6. ed. São Paulo: Atlas, 1959, p. 118.

exercício dos *poderes* enfeixados no direito de propriedade, de modo a expressar o sentido jurídico de *função*.

Nas palavras do Ministro Celso de Mello, "[...] o direito de propriedade não se reveste de caráter absoluto, eis que, sobre ele, pesa grave hipoteca social, a significar que, descumprida a função social que lhe é inerente (CF, art. 5°, XXIII), legitimar-se-á a intervenção estatal na esfera dominial privada [...]".[4]

A sociedade, por meio do Estado, passa a ter um interesse sobre a propriedade privada, sobre o direito objetivo à propriedade e, o que é igualmente importante, sobre o direito subjetivo à propriedade, ou seja, à propriedade no caso concreto, sobre o modo de exercício do direito de propriedade por todos e cada um de seus titulares.

## 3.2 DA FUNÇÃO SOCIAL DA PROPRIEDADE À FUNÇÃO SOCIAL DA EMPRESA

A organização societária da macroempresa é hoje um lugar comum, que se afirmou à vista da abertura de "vias de direito"[5], um reflexo de finalidades humanas lícitas (não proibidas) em incontáveis ordenamentos jurídicos.

As técnicas societárias modernas de organização da macroempresa, que remontam ao século XVII (ainda que existam exemplos esparsos anteriores), sempre atenderam, para além dos interesses dos sócios, a interesses públicos e de outras coletividades que gravitam no entorno da

4 ADI 2.213 MC, j. 4-4-2002, P, DJ de 23.04.2004.

5 Cf. Duguit. *Les transformations générales du droit privé depuis le Code Napoléon*. 2. ed. Paris: Felix Alcan, 1920, p. 72.

empresa (os chamados *constituencies*, i.e., empregados, consumidores, fornecedores etc.).

E o Direito, sob essa premissa, disciplinou a macroempresa, de modo a buscar uma interação harmônica desses interesses, ao organizar a distribuição de poderes no âmbito das organizações empresariais.

É essa a finalidade dos chamados modelos de governo ou de governança das sociedades: organizar a distribuição de poderes entre os grupos de interesses que existem dentro da empresa ou aqueles que gravitam no seu entorno, sob o expresso reconhecimento de que as organizações empresariais não são "coisa de dono".

O Direito Societário brasileiro, nesse sentido, sofreu forte influência do Direito Comercial alemão e, antes dele, do austríaco; uma influência notável pela recepção legislativa da teoria da empresa e pelo emprego da empresa como técnica de regulação total.

Essa técnica pressupõe naturalmente, em vista dos seus próprios fins, uma indelével orientação publicística, que submete as organizações empresariais aos seus fins estatais modelares.

A empresa, que corresponde – em quaisquer hipóteses conceituais – a uma *fattispecie* amplíssima, foi concebida, sob o espírito da regulação total, para desbordar os limites de um claudicante embate histórico-programático; revolucionou a matriz regulatória do Direito Comercial, por meio da superação das velhas doutrinas objetivista e subjetivista, mas, sobretudo, por uma drástica restrição, combinada comparadoxal e majoritária contenção da autonomia privada.[6]

6 Não sem razões, Asquini, já nos anos 1940, lecionava sobre um hibridismo público-privado do regramento da empresa. Cf. ASQUINI, Alberto. "Una Svolta Storica nel Diritto Commerciale". *Rivista del Diritto Commerciale e del Diritto*

A empresa é, nesse sentido, uma poderosa técnica de intervenção estatal na economia. A sua disciplina determina, paradoxalmente, as maiores restrições à autonomia privada e, ao mesmo tempo, boa parte do âmbito da autonomia privada.

Não é demais insistir que a empresa é, em primeiro lugar, uma técnica regulatória.

Decorre do desejo de engendrar um regramento de toda a atividade econômica, na certeza de que sua importância exorbita o espaço privado (i.e., o âmbito da autoconfiguração [*Selbstgestaltung*] das relações jurídicas por particulares). À produção de efeitos que interessam o público corresponde uma exigência – sob um modelo de economia normativa – de submissão à ordem jurídica total.

A ideia de um "direito da atividade econômica" se torna plausível na Alemanha de *Weimar*, em meio a uma forte degradação da economia e em resposta às suas causas precípuas, invariavelmente associadas ao oportunismo dos agentes de mercado e à ampla liberdade de que se beneficiavam.[7]

O pensamento jurídico de tradição germânica já trabalhava, em meados do século XIX, uma noção de empresa, sem se dar conta da amplitude e da importância de seu emprego futuro.

A *Geschäft*, como propôs Endemann, era um organismo – afetado pelo lucro – concebido para transcender os seus criadores.[8]

*Generale delle Obbligazioni*, Milano: Francesco Vallardi, v. 38, pt. 1, 1940, p. 514.

7 Cf. Hedemann, Justus W. *Deutsches Wirtschaftsrecht: Ein Grundriss*. Berlin: Junker & Dünnhaupt, 1939.

8 Cf. ENDEMANN, W. *Das Deutsche Handelsrecht. Systematisch dargestellt*. 2. Aufl. Heidelberg, 1868, § 15, pp. 76 *et seq*.

Autores como Hedemann, articulando essa forte orientação subjetivista ao interesse de dispor de uma técnica regulatória de amplíssimo espectro, propuseram que a empresa substituísse a pessoa jurídica.[9]

Seria, todavia, na condição de objeto unitário de negócios, sob a influência de Von Ohmeyer, Pisko e Isay, que a empresa permitiria, mais tarde, um maior avanço dogmático.[10]

É certo, como nos dá conta Asquini, que na virada do século e ainda nas duas primeiras décadas do século XX, prevalecia, entre os muitos sentidos de empresa, um perfil subjetivo, sob a forte influência dos pais do Direito Econômico.[11]

O perfil prevalentemente subjetivo, que se deflagrava pela intenção originária de suplantar a ideia de pessoa jurídica, sofreria ajustes, até que o conceito de empresa evoluísse em complexidade, permeado por influxos ideológicos e por interesses públicos, afirmando-se, ao fim, já nos anos 1940, um traço funcional mais acentuado, que se sente na conjunção das ideias de organização, afetação (função) e atividade.

Note-se, para explicar esse ajuste conceitual, que as mais adiantadas reflexões sobre a empresa iriam tratá-la, a partir dos anos 1930, como especial núcleo defletor de interesses; assumiria a tarefa de introduzir importantes

9 Cf. HEDEMANN, Justus W. *Das bürgerliche Recht und die neue Zeit*, Jena: Gustav Fischer Verlag, 1919, p. 17.

10 Cf. OHMEYER, K. E. von. *Das Unternehmen als Rechtsobjekt. Mit einer systematischen Darstellung der Spruchpraxis betreffend die Exekution auf Unternehmen.* Wien: Manz, 1906, pp. 8 *et seq.*; PISKO, O. *Das Unternehmen als Gegenstand des Rechtsverkehrs.* Wien: Manz, 1907, pp. 46 *et seq.*; ISAY, R. *Das Recht am Unternehmen.* Berlin: Vahlen, 1910, pp. 12 *et seq.*

11 Cf. Asquini, Alberto. "Profili dell'Impresa". *Rivista del Diritto Commerciale e del Diritto Generale delle Obbligazioni*, Milano: Francesco Vallardi, v. 41, pt. 1, 1943.

influxos ideológicos no ordenamento, a exemplo do que se tentou por meio da doutrina da *Unternehmen an sich* ("empresa em si").[12]

E superado, com a queda do Reich, um tom demasiado publicista (que inspirou, em 1937, as reformas da *Aktiengesetz* [a Lei das Sociedades Anônimas alemã]), à empresa remanesceria o sentido de centro de interesses ou de valores distintos daqueles dos seus suportes humanos, à afirmação de um *Unternehmensinteresse* (interesse da empresa), instruído por clamores de uma variada gama de "grupos de pressão" e, antes deles, por interesses de Estado (conforme, nesse sentido, todas as leis que introduziram a participação operária nos órgãos de direção da macroempresa societária alemã, i.e., a *Gesetz über die Mitbestimmung der Arbeitnehmer in die Aufsichtsraten und Vorstanden der Unternehmen des Berghaus und der Eisen und Stahl erzeugende Industrie* [*MontaMitbestG* 1951], a *Betriebsverfassungsgesetz* de 1952 e a *Gesetz über die Mitbestimmung der Arbeitnehmer* [*MitbestG*] de 1976).

Deve-se lembrar, contudo, que, curiosamente, e para demonstrar a importância instrutora dessas ideias no ordenamento jurídico brasileiro, a empresa não é uma categoria jurisdicizada (posta no ordenamento) pelo Direito alemão atual, para o qual o Direito Comercial ainda é o Direito das "pessoas do comércio" (*Recht der Kaufleute*).[13] Daí por que

12 Cf. Rathenau, W. *Vom Aktienwesen*: Eine Geschäftlische Betrachtung g. Berlin: Fischer Verlag, 1917; NETTER, Oskar. "Zur aktienrechtlichen Theorie des 'Unternehmens an sich'". JWI, pp. 2953-2956, 1927; "Gesellschaftsinteresse und Interessenpolitik in der Aktiengesellschaft". *Bank-Archiv*, v. 30, 1930-1931, pp. 57-65 e 86-95. Para uma visão histórica desse processo, mesmo que algo distorcida, JAEGER, P. G. *L'interesse sociale*. Milano: Giuffrè, 1964. pp. 17 *et seq*.

13 Cf. HOFMANN, P. *Handelsrecht*, 11. Aufl., Berlin: Luchterhand, 2002, ROTH, G.H. *Handels- und Gesellschaftsrecht*, 6. Aufl., München: Vahlen, 2001, §1, 1C.

à concepção tradicional se opõe uma *Neokonzeption des Handelsrechts* ("Nova Concepção de Direito Comercial").[14]

Essas ideias influenciariam, alicerçadas em modelo de Estado, um grande número de ordenamentos nacionais.

A Itália de Mussolini atribuiu à empresa a condição de conceito estruturante para a matriz regulatória que se deduz do *Codice Civile* de 1942.

Outros países, em meio a um projeto de ampliação do Estado, também encontraram na empresa uma conveniente ferramenta.

Célebres comercialistas, tais como Frederiq e VanRyn, cogitaram mesmo uma absorção do Direito Comercial pelo Direito Econômico, senão a sua completa superação, pelo advento de uma nova disciplina centrada na empresa como categoria fundamental.[15]

Bem por isso, no Direito francês também a empresa exerce, até hoje, papel fundamental.[16]

Nisso tudo, em especial no Direito italiano, inspirou-se o nosso Código Civil, em cujo artigo 966, à semelhança do artigo 2.082 do *Codice Civile*, não conceitua a empresa, senão por meio da definição de empresário.

Entre nós, a empresa, para além de todas as funções regulatórias já referidas, proveu, em meio à suposta unificação do Direito Privado, uma especialização mínima,

14 Para um conceito de empresa influente na Alemanha atual, ver: RAISCH, P. *Geschichtliche Voraussetzungen*, dogmatische Grundlagen und Sinnwandlung des Handelsrechts, Karlsruhe: C. F. Müller, 1965, pp. 119 *et seq.*

15 Cf. Frederiq, L. *Traité de Droit Commercial Belge*. vol. 1. Gand: Rombaut--Fecheyr, 1946, p. 22; VanRyn, J. *Principes de Droit Commercial*. Bruxelles: Bruylant, 1954, p. 12.

16 Cf. Ripert, Georges. *Traité Élémentaire de Droit Commercial*. 2. ed. Paris: LGDJ, 1951, pp. 6 *et seq.*

indispensável à distinção de fenômenos econômicos e de sua disciplina jurídica.

A empresa é a atividade econômica, que decorre da organização e do emprego de elementos de produção, pelo empresário (individual ou sociedade empresária), em caráter profissional, para a produção ou à circulação de bens e de serviços, nos mercados.

A ideia de afetação empresarial serve para distinguir, nesse contexto, como se disse, de todos os demais, os fenômenos econômicos sujeitos a um regramento particular.[17]

Sujeitos a um regramento que pressupõe que a atividade empresarial atenda, para além dos evidentes interesses privados, interesses públicos e transindividuais, i.e., uma função social da empresa, que se desdobra – sob os fundamentos próprios acima descritos – da ideia de função social da propriedade.

## 3.3 A FUNÇÃO SOCIAL DA COMPANHIA

A companhia, i.e., a sociedade anônima, sobretudo a sociedade anônima de capital aberto, que apela à poupança privada dos investidores para se financiar (para financiar a atividade empresarial) é a quintessência de organização empresarial afetada pela função social da empresa.

É o que manda a nossa Constituição, no seu art. 5º, inciso XXVII, ao determinar que a propriedade atenda a sua função social.

17 Cf. Broseta Pont, M. *La Empresa, la Unificación del Derecho de Obligaciones y el Derecho Mercantil*. Madrid: Editorial Tecnos, 1965.

Um comando observado pelo legislador infraconstitucional, quando, por sua vez, determina, na LSA, que o controlador exerça o seu poder de controle de modo a cumprir a função social da companhia (cf. art. 116, parágrafo único da LSA).

Ou ainda, quando exige que o administrador de sociedade anônima exerça as suas atribuições em observância ao interesse da companhia, satisfeitas as exigências do bem público e da função social da empresa.

É evidente que, nesse diapasão, a função social da empresa, que contempla a função social da companhia (forma societária que precipuamente organiza a empresa de grande porte), reclama comportamentos de acionistas e de administradores que desbordam seus interesses egoísticos, para cuidar dos interesses da companhia, à luz de sua função individual, mas também social (transindividual, pública).

## 3.4 AÇÃO OU ARBITRAGEM MOVIDA POR ACIONISTA QUE BUSCA INDENIZAÇÃO DA COMPANHIA AFRONTA A FUNÇÃO SOCIAL DA PROPRIEDADE, A FUNÇÃO SOCIAL DA EMPRESA E A FUNÇÃO SOCIAL DA COMPANHIA

Obrigar a companhia a indenizar o acionista por dano que ela sofreu de administrador faltoso e/ou de controlador abusivo é, em primeiro lugar, flagrante violação à ordem jurídica, porque submete a vítima à pena do agressor, mas, em qualquer hipótese, perverte o preceito constitucional que manda cuidar da empresa para o bem de toda a sociedade.

Do mesmo modo será a ação indenizatória proposta por acionista contra a companhia por danos diretos, que o autor sofreu, em decorrência de atos do administrador faltoso ou do controlador abusivo.

O manejo da ação civil pública da Lei n. 7.913, de 7 de dezembro de 1989, para esses fins (ou de arbitragem congênere) é, portanto, manifestamente inconstitucional, porque afronta o princípio da função social da propriedade, insculpido no art. 5°, inciso XXVII da CF, bem como os princípios da função social da empresa e da companhia, que dele se desdobram, na medida em que esse uso ilegítimo da ação privilegia um acionista ou um grupo de acionistas, sem qualquer causa, em detrimento da companhia e do feixe de interesses transindividuais que nela se encerram.

Ao descer à sociologia do fenômeno, que contextualiza o emprego recente dessas ações judiciais e mesmo de consentâneos procedimentos arbitrais (arremedos de ações coletivas do Direito norte-americano, *class actions*), esse estado de coisas revela uma horda de oportunistas.

Gente que compra ações depois do malfeito. Gente que se organiza em associações de última hora, sem qualquer legitimidade, no contexto de captação maciça de clientela, do aparecimento e do crescimento de mercado de medidas judiciais manejadas por abutres.

Um mercado que se cria sob os embalos dos "tarados do cadafalso", que confundem combate à corrupção (nela incluída a corrupção corporativa) com destruição empresarial, que deliram diante dos jatos de sangue em praça pública, que pretendem a punição indiscriminada, sem causa e inconsequente.

Na onda do punitivismo, da obliteração geral de garantias, em favor de uma ideia utópica de que o fim da impunidade justifica todas as incúrias, esse movimento oportunista pretende uma inversão da ordem jurídica estabelecida e assentada.

Um movimento ardiloso, calculado, que aproveita a justa indignação das massas, o constrangimento das instituições, para sacar recursos só para si, de quem tem, o mais das vezes, o bolso mais fundo, que é a companhia, ainda que, na verdade, seja ela a grande vítima.

E o faz, a bem da verdade, não apenas em prejuízo da companhia, não apenas em prejuízo da grande maioria de acionistas que, cientes de que não têm direito oponível à companhia, não se animam a aventuras jurídicas, mas, sobretudo, em prejuízo da economia do país.

Ações coletivas que buscam responsabilizar a companhia por atos de administradores e de controladores representam um grave dano ao ambiente de negócios, à estabilidade econômica, à saúde das macroempresas brasileiras, ao pleno emprego, ao conteúdo nacional, à arrecadação de impostos e ao desenvolvimento do país. Solapam, nessa medida, os princípios constitucionais sobre os quais se assenta a nossa ordem econômica.

Não por outro motivo, como veremos mais adiante, nos EUA, embora essas ações sejam permitidas – por razões bastante específicas e irreproduzíveis –, elas vêm sendo veementemente detraídas pela opinião pública esclarecida, porque resultam deletérias à economia nacional.

É inequívoco, e será tanto mais inconteste à medida que nos aprofundamos no entendimento do problema, que o manejo da ação civil pública da Lei n. 7.913/89 para obrigar a companhia a indenizar por atos de administradores e do controlador, assim como de procedimentos arbitrais congêneres, afronta a função social da propriedade e, portanto, a Constituição Federal.

E, para tanto, indispensável que o leitor bem compreenda que a disciplina jurídica das empresas e das vias de Direito que autorizam a sua constituição e o seu exercício, pressupõe um arcabouço constitucional, que se estabelece por meio de normas constitucionais ordenadoras do fenômeno econômico.

Nesse sentido, será útil um breve passeio pelo Direito Econômico, que trata dessas questões, sem o que não será possível bem acessar a gravidade da denúncia que neste livro se faz; não será possível entender o desarranjo produzido pelo manejo malicioso de ações e de arbitragens para obter das companhias indenizações que elas próprias sofreram.

## 3.5 O DIREITO ECONÔMICO É O REITOR PROGRAMÁTICO DO DIREITO SOCIETÁRIO. E O MANEJO DA AÇÃO CIVIL PÚBLICA DA LEI N. 7.913/89 PARA OBRIGAR A COMPANHIA A INDENIZAR POR ATOS DE ADMINISTRADORES E DO CONTROLADOR AFRONTA A ORDEM ECONÔMICA

O civilista Justus Wilhelm Hedemann empregou pela primeira vez a expressão "Direito Econômico" (*"Wirtschaftsrecht", em alemão*) para se referir a uma nova disciplina jurídica.

Essa nova expressão embutia uma nova concepção do papel do Estado e do Direito em relação à economia, entendendo a dimensão econômica como elemento de especificidade do Direito contemporâneo; uma característica essencial do fenômeno jurídico, i.e., do Direito como manifestação sensível.

Para Hedemann, em verdade, o Direito Econômico transcendia mesmo a condição de ramo do Direito, alçado à condição de inteligibilidade de todo o sistema jurídico.[18] Ou seja, sem as instruções do Direito Econômico, sem as informações e os comandos nele contidos, seria inviável bem compreender o sistema jurídico.

Uma concepção de amplo espectro também se pode atribuir ao francês Gérard Farjat. Para Farjat, o Direito Econômico se afirmou como uma disciplina que ultrapassou as categorias jurídicas tradicionais, abrangendo o objeto de vários campos tradicionais do Direito. E isso é bem compreensível sob a ideia convergente de que as relações econômicas permeiam todo o tecido social, diante da vocação dos mercados para absorver uma miríade de condutas e de atividades.

O Direito Econômico não seria mais público ou privado, mas se afirmaria como a causa própria da decadência dessa dicotomia[19], para ultrapassá-la e, ao mesmo tempo, exibir a sua senectude.

A infiltração do Estado na economia, alçado à condição de agente econômico, ultrapassou as velhas concepções fundadas no imobilismo estatal.

Os ensinamentos de Washington Peluso Albino de Souza, no Brasil, apontaram que a autonomia do Direito Econômico como ramo do Direito[20] não decorreria apenas do seu objeto programático, i.e., do objeto e da finalidade de suas normas (intervenção estatal, empresa, etc.), mas, sobretudo,

18 Cf. HEDEMANN, Justus Wilhelm. *Deutsches Wirtschaftsrecht*: Ein Grundriss. Berlin: Junker & Dünnhaupt, 1939, pp. 14 *et seq*.

19 Cf. FARJAT, Gérard. *Droit économique*. Paris: PUF, 1971.

20 Cf. SOUZA, Washington Peluso Albino de. *Primeiras linhas de direito econômico*. 3. ed. São Paulo: LTr, 1994, pp. 48-79.

de sua maneira de ser, ou seja, da qualidade econômica dessas normas (princípio da economicidade).[21]



O Direito Econômico seria o ramo do direito que tem por objeto a regulamentação da política econômica e por sujeito o agente que dela participe. Afirma-se, portanto, como o conjunto de normas de conteúdo econômico que assegura a defesa e a harmonia dos interesses individuais e coletivos, de acordo com a ideologia adotada na ordem jurídica.[22]

Essa autonomia doutrinal foi formalmente determinada, mais recentemente, pelo disposto no artigo 24, I, da Constituição de 1988[23], que atribui à União e aos demais entes da federação competência concorrente para a produção legislativa em matéria de Direito Econômico.

Simões Patrício também defendeu a autonomia do Direito Econômico sob o prisma da contenção da atuação estatal e da proteção dos demais agentes econômicos, numa visão liberal-protetiva dessa rama, que serviria para garantir vias de direito e tutelar legítimos interesses do cidadão e de organizações que a partir do cidadão se desdobrem, como a empresa coletiva, organizada precipuamente sob a forma das sociedades.

21 A economicidade, para Washington Peluso Albino de Souza, é um instrumento hermenêutico que indica a medida do econômico determinada pela valoração jurídica. Valoração jurídica que está conformada pela política econômica do Estado, de acordo com a ideologia constitucionalmente adotada. Cf. SOUZA, Washington Peluso Albino de. *Primeiras linhas de direito econômico*. 3. ed. São Paulo: LTr, 1994, pp. 28-31; e SOUZA, Washington Peluso Albino de. *Teoria da Constituição Econômica*. Belo Horizonte: Del Rey, 2002, pp. 297-310.

22 Cf. SOUZA, Washington Peluso Albino de. *Primeiras linhas de direito econômico*. 3. ed. São Paulo: LTr, 1994, p. 23.

23 Cf. SOUZA, Washington Peluso Albino de. *Primeiras linhas de direito econômico*. 3. ed. São Paulo: LTr, 1994, pp. 23-24 e 46-47; SOUZA, Washington Peluso Albino de. *Teoria da Constituição Econômica*. Belo Horizonte: Del Rey, 2002, pp. 205-263.

Tratou da necessidade de uma redefinição jurídica dos novos equilíbrios de poder entre o Estado e os demais agentes econômicos, um efeito colateral do aumento qualitativo da intervenção estatal na economia e de seus objetivos de transformar ou adaptar o sistema econômico.

O Direito Econômico, para Patrício, deveria ser projetado como a disciplina jurídica que estuda as normas que regulam a organização da economia (sistema e regime econômicos), a condução ou controle da economia pelo Estado e os centros de decisão econômica não-estatais.

Os privatistas, por outro lado, inclinaram-se a uma concepção do Direito Econômico que o caracterizou como *droit des affaires*, uma verdadeira modernização (revolução) do Direito Comercial clássico, que determinaria o aumento de seu âmbito e dos seus poderes.

Assim entendiam, grosso modo, Joseph Hamel e Claude Champaud.

Para Hamel, o Direito Econômico deveria reger a vida econômica, especialmente a produção e a circulação de riquezas, consistindo em um alargamento de escopo do Direito Comercial.

Champaud, por sua vez, entendia que o conceito básico em torno do qual o Direito Econômico deveria se organizar seria o de empresa.

Suas visões deram continuidade às ideias de Lehmann e de Heymann sobre o "Direito Industrial", justificada pela superação do capitalismo mercantil ou concorrencial pelo capitalismo industrial ou monopolista (com central participação do Estado).[24]

24 Cf. HAMEL, Joseph; LAGARDE, Gaston. *Traité de droit commercial*. vol. I. Paris:

Privilegiando o enfoque das relações entre agentes econômicos privados, a concepção de Geraldo Camargo Vidigal, grande jurista brasileiro, era próxima à do *droit des affaires*, porque entendia o Direito Econômico propriamente dito como o Direito da organização dos mercados, da disciplina jurídica de atividades desenvolvidas nos mercados, para os organizar sob a inspiração dominante do interesse social.[25] Esse "Direito da organização dos mercados" não seria nem Direito Público, nem Privado, ao contrário das outras duas disciplinas que Vidigal refere ao "Direito Econômico", i.e., o Direito Administrativo Econômico (sem autonomia científica) e o Direito do Planejamento, disciplina de Direito Público que deveria se afirmar autonomamente.



Muitos autores, que se alinham em direção à concepção hoje majoritária, entendem o Direito Econômico como o Direito da intervenção estatal na economia, denominando-o Direito Público Econômico ou Direito Administrativo Econômico.

Não se trata, portanto, de um Direito geral da economia, mas do Direito especial da intervenção estatal no domínio econômico.

A grande referência do Direito Administrativo Econômico é Ernst Rudolf Huber, que, nos anos 1930, tratou o Direito Administrativo Econômico como o Direito Público da organização econômica.[26]

Dalloz, 1954, pp. 12-15. Vide também JACQUEMIN, Alexis; SCHRANS, Guy. *Le droit économique*. 3. ed. Paris: PUF, 1982. pp. 56-60.

25 Cf. VIDIGAL, Geraldo de Camargo. *Teoria geral do direito econômico*. São Paulo: Ed. Revista dos Tribunais, 1977, p. 44.

26 Cf. HUBER, Ernst Rudolf. *Wirtschaftsverwaltungsrecht*. vol. I. Tuebingen: J.C.B. Mohr, 1953, pp. 17-18 e 47-55.

O Direito Econômico não poderia ser um método de observação de todo o Direito, como defendia Hedemann, o que determinaria uma visão reducionista, puramente econômica do Direito.

Para Huber, em sentido amplo, o Direito Econômico é o Direito das relações econômicas e, em sentido concreto, o Direito das relações econômicas da moderna sociedade industrial.

Não é um Direito da economia livre de mercado, mas uma disciplina crítica que deve sempre levar em conta o conflito entre a liberdade individual e o compromisso coletivo.

O Direito Econômico se apresenta, em Huber, na expressão do Direito como conflito, pelo confronto entre liberdade individual e compromisso coletivo, ambos sob proteção principiológico-constitucional, em constante mediação (para os fins de convivência) pela Administração Pública, a precípua executora das decisões econômicas fundamentais.[27]

Huber observou que o Estado era fraco perante as forças econômicas, embora continuasse a intervir. E, por isso, propôs um Estado que garantisse o espaço da iniciativa privada, integrando as atuações individuais no real interesse público, ou, na expressão de Carl Schmitt, um "Estado forte em uma economia livre".[28]

Eros Roberto Grau transpôs o debate sobre a autonomia do Direito Econômico para o caracterizar como método de análise do Direito. E o fez a partir da compreensão do Direito como parte integrante da realidade social,

27 HUBER, Ernst Rudolf. *Wirtschaftsverwaltungsrecht*. vol. I. Tuebingen: J.C.B. Mohr, 1953, pp. 7-12.

28 Cf. BERCOVICI, Gilberto. *Constituição e Estado de exceção permanente*: atualidade de Weimar. 1. ed. Rio de Janeiro: Azougue, pp. 93-107.

incorporando essa realidade e o conflito social na análise jurídica.[29]

A doutrina de Grau enfatiza as possibilidades transformadoras da atuação do Direito sobre o fenômeno econômico, o Direito como instrumento de transformações nos sistemas social e econômico.

A ideia de Direito instrumentalizador de transformações nos sistemas econômicos está, antes de tudo, em Dimoulis, para quem o Direito Econômico tem "caráter contrafático", no exercício de uma tarefa deliberada de transformar a realidade. E o faz ainda que se ponha a preservar o *status quo*, ao expressar a disposição de manter estruturas, em afronta a novas tendências ou limitaçõesda realidade.

O caráter contrafático do Direito Econômico (que se opõe aos fatos, para alterá-los), que se desdobra sobre as relações entre Direito e economia, é ainda mais evidente porque o Direito Econômico deve se lançar contra determinados fatos ou tendências, na condição de elemento reformador, sob pena de ser inútil.

Deve entrar em jogo, em verdade, uma relação biunívoca entre Direito e economia, afinal, o Direito é produzido pela estrutura econômica, mas também interage com ela, alterando-a.[30]

29 GRAU, Eros Roberto. *A ordem econômica na Constituição de 1988*: interpretação e crítica. 8. ed. São Paulo: Malheiros, 2003, pp. 130-132. Vide também JACQUEMIN, Alexis; SCHRANS, Guy. *Le droit économique*. 3. ed. Paris: PUF, 1982, pp. 87-91; e DIMOULIS, Dimitri. "Fundamentação constitucional dos processos econômicos: reflexões sobre o papel econômico do direito". *In*: SABADELL, Ana Lucia; DIMOULIS, Dimitri, MINHOTO, Laurindo Dias. *Direito social, regulação econômica e crise do Estado*. Rio de Janeiro: Revan, 2006, p. 121.

30 Cf. GRAU, Eros Roberto. *O direito posto e o direito pressuposto*. 5. ed. São Paulo: Malheiros, 2003, pp. 44-59; e DIMOULIS, Dimitri. "Fundamentação constitucional dos processos econômicos: reflexões sobre o papel econômico do direito". *In*: SABADELL, Ana Lucia; DIMOULIS, Dimitri, MINHOTO, Laurindo

Nesse mesmo contexto de transcendência funcional e metodológica do Direito Econômico, Fábio Konder Comparato nos ofertou o seu influente texto *O indispensável Direito Econômico*.

Ali, Comparato explica que o Direito Econômico instrumentaliza a política econômica. Surge como o conjunto das técnicas jurídicas de que lança mão o Estado contemporâneo na realização de sua política econômica.[31]

O Direito Econômico, à luz dessa concepção, deve atingir as estruturas do sistema econômico, buscando seu aperfeiçoamento ou sua transformação. E, no caso de países como o Brasil, a tarefa do Direito Econômico é transformar as estruturas econômicas e sociais, com o objetivo de superar o subdesenvolvimento.

Deve, para tanto, reestruturar e fortalecer o Estado, sob uma perspectiva democrática e emancipatória.

Uma das mais atuais concepções de Direito Econômico se manifesta pelo pensamento de Gilberto Bercovici.

Para Bercovici, a racionalidade do Direito Econômico é essencialmente macroeconômica, porque trata da ordenação dos processos econômicos ou da organização jurídica dos espaços de acumulação.

O Direito Econômico atua diretamente nas questões referentes à estratificação social. No seu objeto programático estão também as formas e meios de apropriação do excedente, seus reflexos na organização da dominação social e as possibilidades de redução ou ampliação das desigualdades.

Dias. *Direito social, regulação econômica e crise do Estado*. Rio de Janeiro: Revan, 2006, pp. 125-127 e 138.

31 Cf. COMPARATO, Fábio Konder. "O indispensável Direito Econômico". *Revista dos Tribunais*, São Paulo, n. 353, pp. 20-22, mar. 1965.

O Direito Econômico ocupa-se, do mesmo modo, da geração, da disputa, da apropriação e da destinação do excedente, pelo que se diferencia de outras disciplinas que também regulam comportamentos econômicos, invariavelmente sob a sua direção. Aliás, o excedente, e não a escassez, é precisamente o fundamento da disciplina jurídica engendrada e posta pelo Direito Econômico.[32]

A realização de todas ou quaisquer dessas tarefas, a que se propõe o Direito Econômico, em suas mais distintas concepções modelares, pressupõe uma afinada articulação com o Direito Empresarial, que dispõe de exuberante material técnico de concreção à disposição das diretrizes do Direito Econômico.

A bem da verdade, pressupõe que o Direito Empresarial informe o Direito Econômico, mas que, ao mesmo tempo, submeta-se a ele.

A empresa é um dos instrumentos jurídicos à disposição do Estado, no contexto de sua atuação nos sistemas econômicos, mas, antes disso, um instrumento do capitalismo.

O Direito Econômico decorre do seu estatuto jurídico constitucional, da ordem econômica como a disciplina a Constituição Federal, que dá unicidade, ordenação e afetação aos sistemas econômicos dirigidos pelo Estado brasileiro.

O emprego da ação coletiva disciplinada na Lei n. 7.913, de 7 de dezembro de 1989, para obrigar a companhia a indenizar acionistas por danos causados à companhia por administradores faltosos e controladores delinquentes

32 Cf. BERCOVICI, Gilberto; MASSONETTO, Luiz Fernando. "Limites da regulação: esboço para uma crítica metodológica do 'novo Direito Público da Economia'". *Revista de Direito Público da Economia*, Belo Horizonte, v. 7, n. 25, pp. 143-146, jan. 2009. E, também, em BERCOVICI, G. *Direito econômico do petróleo e dos recursos minerais*. São Paulo: Quartier Latin, 2011, pp. 298-309.

*repugna a ordem econômica*. Assim como a arbitragem com os mesmos fins.

Isso porque instrumentaliza a tutela processual dos investidores contra a ordem econômica, para obstaculizar a *liberdade de iniciativa* (um dos princípios fundamentais da ordem econômica, cf. Art. 1º, IV e 170 da CF), *precisamente por promover a morte empresarial injustificada e ilegal.*

E o faz também porque, como já vimos, afronta o princípio da função social da propriedade, plasmado no art. 5º, inciso XXVII, assim como no art. 170, inciso III da Constituição, o que lhe atribui a condição de elemento estruturante, instrutor e transformador da ordem econômica.

Uma autorização ao ajuizamento de ações coletivas para alvejar injustificadamente as grandes companhias brasileiras afronta os ditames de *justiça social*, porque *obstaculiza o pleno emprego* (do art. 170, inc. VIII, da CF), em favor de uma minoria dedicada à rapinagem. *Ofende o primado da redução de desigualdades*, posto no inciso VII do art. 170 da Constituição. E *confronta o planejamento equilibrado do desenvolvimento nacional* (art. 174, §1º, da CF).

A interpretação da Lei n. 7.913, de 7 de dezembro de 1989, à qual este livro se opõe, privilegia uma indústria improdutiva, oportunista e venal, em detrimento das grandes companhias abertas brasileiras.

Faz pior! Oferta aos administradores faltosos e aos controladores abusivos o conforto de que a companhia indenizará os seus malfeitos. É o avesso do avesso do avesso do avesso...

Tudo o que se disse a respeito da ação civil pública de responsabilidade por danos causados aos investidores no mercado de valores mobiliários, disciplinada pela mencionada Lei n. 7.913/89, vale para as arbitragens instauradas com a mesma finalidade.

Apesar das diferenças entre os regimes jurídicos da ação civil pública e da arbitragem, certo é que ambas, quando manejadas para afligir as grandes companhias nos termos já descritos, padecem de igual inconstitucionalidade.

A arbitragem, embora constitua um meio alternativo de solução de controvérsias, ostenta *natureza jurisdicional* (é prestação jurisdicional privada, contratada pelas partes do litígio) e, nessa medida, submete-se aos princípios e garantias processuais inscritos na Constituição Federal, porque a ordem jurídica total, i.e., as normas postas de ordem pública, autorizaram a sua existência, observadas dadas condições, para os fins de dirimir conflitos. E autorizam precisamente porque também a arbitragem, como método de solução de controvérsias que pressupõe um provimento jurisdicional, submete-se à ordem constitucional instituída.

É, nesse sentido, que doutrinou Cândido Rangel Dinamarco:[33]

> A consciência da natureza jurisdicional da arbitragem e de sua inserção na teoria geral do processo põe à margem de qualquer dúvida a imperiosidade de

33 DINAMARCO, Cândido Rangel. *A arbitragem na teoria geral do processo*. São Paulo: Malheiros, 2013, p. 24.

> abrigá-la sob o manto do direito processual constitucional – o que importa considerar seus institutos à luz dos superiores princípios e garantias endereçados pela Constituição a todos os institutos processuais e particularmente àqueles de caráter jurisdicional.

Grandes companhias nacionais, de que é exemplo a Petrobras[34], preveem em seus estatutos sociais que as disputas ou controvérsias que envolvam seus acionistas, administradores e conselheiros fiscais serão dirimidas por meio de arbitragem.

Em caso recente, tal cláusula compromissória foi invocada pela companhia e acolhida pelo Poder Judiciário[35] para extinguir, sem julgamento do mérito, uma ação civil pública fundada na Lei n. 7.913/89, manejada, contra a companhia, para que ressarcisse danos causados aos investidores no mercado de valores mobiliários.

Dessa prevalência, pois, das arbitragens sobre as ações civis públicas, quando existir uma cláusula compromissória, resulta a importância de asseverar, de modo explícito, que *as companhias, também nas arbitragens, não respondem pelos*

34 Estabelece o estatuto social da Petróleo Brasileiro S.A. – Petrobras: "Art. 58- Deverão ser resolvidas por meio de arbitragem, obedecidas as regras previstas pela Câmara de Arbitragem do Mercado, as disputas ou controvérsias que envolvam a Companhia, seus acionistas, os administradores e conselheiros fiscais, tendo por objeto a aplicação das disposições contidas na Lei n. 6.404, de 1976, neste Estatuto Social, nas normas editadas pelo Conselho Monetário Nacional, pelo Banco Central do Brasil e pela Comissão de Valores Mobiliários, bem como nas demais normas aplicáveis ao funcionamento do mercado de capitais em geral, além daquelas constantes dos contratos eventualmente celebrados pela Petrobras com bolsa de valores ou entidade mantenedora de mercado de balcão organizado, credenciada na Comissão de Valores Mobiliários, tendo por objetivo a adoção de padrões de governança societária fixados por estas entidades, e dos respectivos regulamentos de práticas diferenciadas de governança corporativa, se for o caso".

35 TJSP, Ação Civil Pública n. 1106499-89.2017.8.26.0100.

*danos oriundos de condutas ilícitas dos administradores ou controladores*. E isso, pelos mesmos motivos já expressados.

### 3.6.1 Nulidade da sentença arbitral e ordem pública

A Lei de Arbitragem, em seu art. 32, determina que a sentença arbitral será nula se: (*i*) for nula a convenção de arbitragem (ou seja, o pacto entre os contendores que elegeu a arbitragem como técnica de solução de controvérsias); (*ii*) emanou de quem não podia ser árbitro; (*iii*) não contiver os requisitos formais do art. 26 (i.e., não contiver, relatório, fundamentos, dispositivo e/ou data e lugar em que foi proferida); (*iv*) for proferida fora dos limites da convenção de arbitragem (como aquela sentença que decide sobre matéria não abrangida na cláusula de arbitragem); (*v*) comprovado que foi proferida por prevaricação, concussão ou corrupção passiva; (vi) proferida fora do prazo; e (*vii*) forem desrespeitados os princípios do devido processo legal.

Contemplado um desses requisitos, a parte interessada poderá ingressar com ação para impugnar a decisão do Tribunal Arbitral.

É importante notar que, apesar de utilizar o termo nulidade, o art. 32 trata, na maioria das hipóteses, de casos de anulabilidade.

O legislador adotou terminologia genérica e imprecisa, como soe acontecer, para se referir a consequências jurídicas bastante claras.[36]

Em que pese a ausência de menção expressa à ordem

36 Cf. MARTINS, Pedro Antonio Batista. *Apontamentos sobre a lei de arbitragem*: comentários à lei 9.307/96. Rio de Janeiro: Forense, 2018, p. 313.

pública, no rol do art. 32, a sentença que viola a ordem pública é nula pois vai de encontro aos pressupostos que norteiam o ordenamento jurídico nacional. É uma afronta ao princípio da autodeterminação dos povos, no qual se lastreia a autonomia privada e a liberdade de contratar.

Sentença arbitral que afronta a ordem pública simplesmente não é autorizada pela ordem pública.[37]

A ausência de menção expressa foi uma escolha do legislador para permitir que apenas casos extraordinários pudessem ser questionados perante o Poder Judiciário, como, por exemplo, os casos de violação a matérias constitucionais. É o que explica um dos patronos da arbitragem no Brasil, o ilustre e legitimamente aclamado Professor Carlos Alberto Carmona:

> [...] o legislador evitou incluir na lista de nulidades a violação à ordem pública, exatamente porque não será qualquer infração que possibilitará à parte insatisfeita ter sucesso no pedido de anulação da decisão. Negativo. A ausência de item expresso na lei demonstra que a mens legis visa a permitir que somente casos extraordinários que afetem a ordem pública possam ser questionados na justiça. Primordialmente, os casos de violação a matérias constitucionais, tais como a imposição de associação ou da permanência da parte como associada à existência de coisa julgada material, a proibição ao exercício exclusivo pelo autor do direito de utilizar, publicar ou reproduzir suas obras e a decisão fundamentada em provas ilícitas.[38]

37 Cf. MARTINS, Pedro Antonio Batista. *Apontamentos sobre a lei de arbitragem*: comentários à lei 9.307/96. Rio de Janeiro: Forense, 2018, p. 319

38 Cf. CARMONA, Carlos Alberto. *Arbitragem e processo*: um comentário à Lei n.

> [...]
> Ao incentivar a utilização da justiça privada, ampliando o Estado o próprio conceito de jurisdição, o legislador não pretendeu abrir mão de um certo controle sobre a arbitragem. Com efeito, em todo o texto da Lei 9.307/96 percebe-se a preocupação do legislador em evitar abusos e iniquidades, garantindo às partes o devido processo legal (em sentido processual e em sentido material). Eis aí a limitação à autonomia concedida aos litigantes, que não poderão exceder as raias dos interesses que o Estado quer preservar, já que a garantia da igualdade, da legalidade e da supremacia da Constituição são inerentes à democracia moderna.[39]

O art. 39 da Lei de Arbitragem, por sua vez, que contém disposições concernentes à homologação de sentença arbitral estrangeira, faz menção expressa à exigência de respeito à ordem pública para que a sentença arbitral estrangeira seja homologada no Brasil.

Além disso, convenções internacionais como a Convenção de Nova Iorque e a Convenção do Panamá, das quais o Brasil é signatário, contêm disposições sobre a indispensável observância da ordem pública para que uma sentença seja homologada em outro Estado signatário.

A disciplina jurídica da arbitragem é determinada pela lei especial, mas também pelas convenções e tratados sobre a matéria recebidos por nós.

9.307/96. 3. ed. rev., atual e ampl. São Paulo: Atlas, 2009, p. 412.

39 Cf. CARMONA, Carlos Alberto. *Arbitragem e processo*: um comentário à Lei n. 9.307/96. 3. ed. rev., atual e ampl. São Paulo: Atlas, 2009, p. 412.

Ao passo em que o art. 39 traz explicitamente a conformidade à ordem pública como requisito de validade e eficácia da sentença arbitral estrangeira, pode-se dizer que o art. 32, ao fazer referência à ofensa aos princípios constitucionais contidos no art. 21, §2°, como causa de nulidade da sentença arbitral, enumera, ainda que implicitamente, o mesmo requisito para validade e eficácia da sentença arbitral doméstica.

E não poderia ser diferente.

A autonomia privada, da qual decorre a arbitragem, é o princípio da autoformação (autoconstituição) da relação jurídica pela vontade individual. Tem a ordem jurídica como correlato conceitual. Sabe-se que são desenhadas como relações jurídicas separadas, i.e., as figuras próprias da ordem jurídica, e a relação jurídica decorrente da manifestação da autonomia privada, que pode ocorrer apenas por meio dos atos, entre os quais os negócios jurídicos, que – como tipos de atos da ordem jurídica – são reconhecidos.

A relação jurídica decorrente dos desígnios da autonomia privada tem também forma e conteúdo possíveis determinados pela ordem jurídica.[40]

Nas palavras de Oftinger, esse princípio está para a lei fundamental como uma ordem jurídica pré-determinada e em seu valor de concreção é reconhecido pelos direitos fundamentais.

Na ordem jurídica individual, o princípio da autonomia privada foi realizado em um âmbito distinto. Também no desenvolvimento histórico, cada ordenamento jurídico comporta o princípio da autonomia da vontade em uma

40 Cf. FLUME, W. *Allgemeiner Teil des Bürgerlichen Rechts, Das Rechtgeschäft*, Zweiter Band. Berlin; Heidelberg; New York; Tokyo: Springer-Verlag, 1992, pp. 1 *et seq.*

validade (sentido/aplicação) distinta. Não há ordenamento jurídico sem autonomia privada, que decorre invariavelmente de uma autorização estatal. E isso significa que as normas de ordem pública, o direito cogente posto, determinam o que se pode querer, qual o âmbito das manifestações de vontade reconhecidas pelo Direito, que confirmam o princípio da liberdade de contratar (uma liberdade condicionada) e da autonomia privada (igualmente condicionada aos ditames da ordem pública estabelecida).[41]

A preservação de garantias constitucionais se reforça sob a locução do art. 32, inc. VI, da Lei de Arbitragem, que determina a nulidade da sentença arbitral "quando forem desrespeitados os princípios de que trata o art. 21, §2º" da mesma lei. A norma do art. 21, §2º evidentemente, submissa à nossa ordem constitucional, exige que a arbitragem observe os princípios processuais constitucionais.

E é por tudo isso que, sem muito esforço, conclui-se que a afronta à ordem constitucional esteja entre as nulidades arroladas no art. 32 da Lei de Arbitragem, ainda que indiretas ou reflexas e mesmo que não estejam indicadas em tal dispositivo.[42]

### 3.6.2 MAS O QUE É MESMO ORDEM PÚBLICA?

Carlos Maximiliano define ordem pública como "prescrição em que a tutela do interesse da sociedade

41 Cf. OFTINGER, K. *Die Vertragsfreiheit, Die Freiheit des Bürgers im Schweiz Recht*. Zürich: Schulthess, 1948, pp. 315 *et seq*.

42 DINAMARCO, Cândido Rangel. *A arbitragem na teoria geral do processo*. São Paulo: Malheiros, 2013, p. 242.

coletivamente constitui o fim principal do preceito obrigatório". E explica:

> Toda disposição, ainda que ampare um direito individual, atende também, embora indiretamente, ao interesse público; hoje até se entende que se protege aquele por amor a este [...]. A distinção entre prescrições de ordem pública e de ordem privada consiste no seguinte: entre as primeiras o interesse da sociedade coletivamente considerada sobreleva a tudo, a tutela do mesmo constitui o fim principal do preceito obrigatório; é evidente que apenas de modo indireto a norma aproveita aos cidadãos isolados, porque se inspira antes no bem da comunidade do que no indivíduo; e quando o preceito é de ordem privada sucede o contrário: só indiretamente serve ao interesse público, à sociedade considerada em seu conjunto; a proteção do direito do indivíduo constitui o objetivo primordial. Consideram-se de ordem pública as disposições que se enquadram nos domínios do Direito Público; entram, portanto, naquela categoria as constitucionais, as administrativas, as penais, as processuais, as de polícia e segurança e as de organização judiciária.[43]

Em perspectiva mais ampla, voltada à arbitragem internacional, mas, ainda assim, em consonância com o conceito de ordem pública formulado com Maximiliano, *Manoel Pereira Barrocas* define ordem pública como um complexo normativo que representa valores fundamentais de uma sociedade:

43 MAXIMILIANO, Carlos. *Hermenêutica e aplicação do direito*. 19. ed. Rio de Janeiro: Forense, 2008, p. 176.

> Um complexo normativo de conteúdo ético-sócio-económico formado por certas normas de direito positivo e por princípios e valores fundamentais de uma comunidade juridicamente organizada, aplicável no espaço respetivo.[44]

A *ordem pública* está diretamente relacionada aos *interesses coletivos e valores fundamentais de uma sociedade juridicamente organizada.*

O Superior Tribunal de Justiça subjetivou o conceito de ordem pública, i.e., invocou-o para aplicar a lei e os princípios de Direito no caso concreto, em ação de contestação à homologação de sentença arbitral estrangeira, assentando que:

> O conceito de ordem pública não está na lei. O art. 17 da LICC informa, apenas, que "as leis, atos e sentenças de outro país, bem como quaisquer declarações de vontade, não terão eficácia no Brasil, quando ofenderem a soberania nacional, a ordem pública e os bons costumes".
> A doutrina tem procurado fixar esse conceito. Em síntese, afirmam os autores abaixo identificados que:
> a) "a ordem pública, em Direito Internacional Privado, representa o espírito e o pensamento de um povo, a filosofia sócio-jurídico-moral de uma nação." (Jacob Dolinger, em "A Evolução da Ordem Pública no Direito Internacional Privado", RJ: Luna, 1997);
> b) "a ordem pública é o conjunto de direitos, de caráter privado, cuja obediência o Estado impõe, para que haja harmonia entre o Estado e os indivíduos, em

44 BARROCAS, Manoel Pereira. *Estudos de direito e prática arbitral.* Coimbra: Almedina, 2017, p. 75.

salva-guarda de interesses substanciais da sociedade" (Gama e Silva, citado por Irineu Strenger, em "Direito Internacional Privado" - parte geral - vol. I. SP: RT. 2000, p. 172);

c) "a ordem pública é o conjunto de normas essenciais à convivência nacional; logo não comporta classificação em ordem pública interna e internacional, mas tão-somente a de cada Estado. Sem embargo, autores existem, como Despagnet, que vislumbram três categorias de leis de ordem pública, em todas as legislações: a) a compreensiva de institutos e leis que interessam à consciência jurídica e moral de todos os povos civilizados, como as alusivas ao casamento, ao parentesco em linha reta; b) a que engloba leis tidas como aplicação de verdadeiros princípios da moral e da organização social; c) a referente às disposições imperativas em considerações de ordem regional (Maria Helena Diniz, em "Lei de Introdução ao Código Civil Brasileiro Interpretada". SP: Saraiva, 1999, 5. ed., p. 366). Esses conceitos demonstram as dificuldades enfrentadas pela doutrina para esclarecer a compreensão do que seja ordem pública. Assentado está, contudo, que são leis de ordem pública: a) as constitucionais; b) as administrativas; c) as processuais; d) as penais; e) as de organização judiciária; f) as fiscais; g) as de polícia; h) as que protegem os incapazes; i) as que tratam de organização de família; j) as que estabelecem condições e formalidades para certos atos; k) as de organização econômica (atinentes aos salários, à moeda, ao regime de bem). O rol acima é da autoria de Maria Helena

> Diniz, com participação de Serpa Lopes" (Maria Helena Diniz, ob. cit. p. 368).[45]

E decisões recentes reafirmam o entendimento, expresso nesse célebre julgado de 2005, de que a violação a normas de ordem pública determina a nulidade da sentença arbitral, ainda que sejam existentes, válidas e plenamente eficazes segundo os direitos nacionais dos países onde foram proferidas.

É precisamente o que se viu no caso Abengoa *vs.* Ometto, em que o Superior Tribunal de Justiça indeferiu o pedido de homologação de sentença sob o fundamento de que exigência de imparcialidade do julgador decorre de princípios e garantias constitucionais e, portanto, da ordem pública.[46]

Foi especialmente eloquente o voto da Min. Nancy Andrighi:

> [...] assim, como a violação ao princípio da imparcialidade equivale a violar princípio e garantias constitucionais fundamentais da República Federativa do Brasil, trata-se de matéria de interesse público, de ordem pública e não sujeita à preclusão. Com efeito, a questão relativa à imparcialidade do julgador consubstancia matéria de ordem pública no Brasil e, portanto, é cognoscível a qualquer tempo, ainda que após a prolação da sentença, já que por ser até mesmo causa suficiente para ação rescisória (incisos I e II do art. 485 do CPC), com maior razão pode ser examinada quando

45 Cf. STJ, Corte Especial, SEC n. 802/US, Rel. Min. José Delgado, j. 17.08.2005, DJ 19.09.2005.

46 Cf. STJ, SEC 9.412/US, Rel. Min. Felix Fischer e Rel. p/ o Ac. Min. João Otávio de Noronha, DJe 30.05.2017.

> em curso o processo de homologação de decisão em que se aponta a atuação de julgador parcial.

Os princípios e garantias constitucionais, que também permeiam as relações jurídico-processuais, são parte integrante da ordem pública, que é pressuposto de validade da decisão jurisdicional.[47], [48]

Conclui-se, portanto, que violações a princípios constitucionais configuram ofensa à ordem pública e são, portanto, causa de nulidade da sentença arbitral.

47 Cf., nesse sentido, NERY JR., Nelson. (*Princípios do processo na Constituição Federal.* São Paulo: RT, 2021, p. 52). "A Constituição é a ordem jurídica fundamental da coletividade: determina os princípios diretivos, segundo os quais devem formar-se a unidade política e as tarefas estatais a serem exercidas; regula ainda procedimentos de pacificação de conflitos no interior da sociedade; para isso cria bases e normaliza traços fundamentais da ordem jurídica." E, ainda ele, "Os atos jurisdicionais do Poder Judiciário ficam sujeito ao controle de sua constitucionalidade, como todos os atos de todos os poderes".

48 Ou, ainda, DINAMARCO, Cândido Rangel. *Instituições de direito processual civil.* vol. I. 10. ed. São Paulo: Malheiros, 2020, p. 265. "Realmente, o sistema processual é tutelado, ou protegido, por um conjunto de preceitos constitucionais ditados como padrões a serem atendidos pelo legislador ao estabelecer normas infraconstitucionais sobre o processo e pelo intérprete (notadamente o juiz) encarregado de captar o significado de tais normas, interpretando os textos legais. Essa tutela reside nos chamados princípios e garantias constitucionais, de índole acentuadamente política e que correspondem a importantíssimas opções democráticas do moderno Estado-de-direito." Com o que, prossegue dizendo: "Ao cumprir adequadamente a lei ordinária do processo e ao corrigir os desvios eventualmente praticados, indiretamente os juízes e tribunais estão outorgando efetividade aos princípios e garantias integrantes do sistema de tutela constitucional do processo civil. Na vida dos processos o sistema de nulidades constitui o suporte técnico que propicia às partes a alegação de tais desvios, e aos juízes o poder de corrigi-los".

CAPÍTULO IV

# A indústria das *class actions*

A *class action* ou ação de classe, consiste em modalidade de ação coletiva do ordenamento jurídico norte-americano, que serve para resguardar o interesse de uma coletividade titular de direito individual homogêneo, um direito de cada um dos membros e comum a todos os membros de uma coletividade.

Os titulares do direito litigam em conjunto para reduzir os custos da demanda. E, nesse sentido, as ações coletivas afirmam-se como técnicas de garantia de direito e de acesso à justiça. Dedicam-se, portanto, a reduzir as disparidades (de informação e de poder econômico) entre autores hipossuficientes e réus de grande porte.

A prática norte-americana mostra, todavia, que as *class actions* – que aquele sistema autoriza sejam manejadas pelos acionistas contra a companhia (por danos causados diretamente à companhia e indiretamente aos acionistas, por administradores e/ou controladores) –, são profundamente destrutivas porque permitem o sequestro das companhias por oportunistas.

Antonio Gidi, professor de Direito da Universidade de Houston e especialista em *class actions*, explica que: "[a] situação de desigualdade entre as partes persiste, mas agora de forma invertida; a empresa ré passa a estar em situação de desvantagem: deixa de ser opressora para ser oprimida".[1]

A desvantagem e os lucros desproporcionais deram causa ao aparecimento de uma indústria de *class actions*,

1 Cf. GIDI, Antônio. *A class action como instrumento de tutela coletiva dos direitos:* as ações coletivas em uma perspectiva comparada. São Paulo: Ed. Revista dos Tribunais, 2007. (*Negrito nosso*).

dominada por verdadeiros *cowboys*, tarados por dinheiro e, muitas vezes, desprovidos de quaisquer preocupações com a companhia.

Os "autores aventureiros" são os investidores que compram ações com o objetivo de processar. Nos EUA, é comum que investidores decidam adquirir ações de uma determinada companhia na bolsa após a ocorrência de eventos danosos, motivados tão somente pela possibilidade de lucrar com ações judiciais. E o lucro pode ser auferido de maneira bastante rápida. Isso porque poucas são as *class actions* efetivamente julgadas. A maioria dos casos são encerrados rapidamente por meio de acordos.[2]

A companhia paga para se ver livre, ainda que saiba de sua inocência, porque o curso do processo e os inconvenientes reputacionais de seu trâmite incentivam a transação.

Matéria veiculada na Revista Piauí acerca da *class actions* disse o seguinte:[3]

> Em 2015, 189 empresas com papéis na Bolsa de Nova York foram processadas. No primeiro semestre de 2016 foram quase 100. Os casos sempre terminam antes do julgamento, com acerto entre as partes. Das mais

2 Em artigo acadêmico Klausner et al. identificou que um significativo percentual das *class actions* foram encerradas por meio de acordo, mesmo antes da Corte decidir sobre a admissibilidade do processo (KLAUSNER, Michael Jason Hegland et. al., "When Are Securities Class Actions Dismissed, When Do They Settle, and For How Much? Na Update", Working Paper n. 5. PLUS *Journal*, vol. XXVI, n. 4, 2013).

3 Cf. KAZ, Roberto. "O Petróleo é Deles: a história do processo de bilhões de dólares contra a Petrobras nos Estados Unidos". *Revista Piauí*, Edição 118, julho de 2016. Disponível em https://piaui.folha.uol.com.br/materia/o-petroleo-e-deles-2/. Acesso em: 18.07.2021.

de 4 mil class actions referentes a perdas acionárias abertas nos últimos vinte anos, nenhuma chegou a ser julgada. Ainda assim, acionistas recuperaram 87 bilhões de dólares em acordos extrajudiciais.

Houve uma errata na matéria corrigida da seguinte forma: "Está errada a afirmação de que jamais houve julgamento de class actions envolvendo ações negociadas na Bolsa de Nova York. Na verdade, ao menos onze ações – de um total de mais de 4 mil – foram a julgamento e receberam um veredito."

Some-se a isso o fato de que os advogados recebem remuneração de 20% do valor recuperado, seja por meio de decisão condenatória ou por meio de acordos.

Ou seja, essa *class action* traduz, muito além de um procedimento de defesa de interesses coletivos, uma aplicação financeira de caráter especulativo, pela qual "investidores aventureiros" investem recursos para que se multipliquem às custas de uma companhia encurralada pelos riscos potenciais do processo.

Compartilha dessa opinião o ilustre professor John Coffee Jr., da Faculdade de Direito da Universidade de Columbia. No seu livro *Entrepreneurial Litigation: its rise, fall and future*, Coffee defende que esse tipo de ação ostenta características que beiram a extorsão legalizada:

Unicamente nos Estados Unidos, advogados atuam em grandes litígios em nome de muitos requerentes que não podiam arcar com o processo individualmente. Nessas ações coletivas, os advogados atuam tipicamente como empreendedores que assumem riscos, efetivamente contratando o cliente em vez de atuar como seu representante. Financiadas, controladas e encerradas via acordos por advogados, tais empreendimentos litigiosos convidam os advogados a, às vezes, atuarem mais em seu próprio interesse do que no interesse de seus clientes. E porque o litígio de classe agrega muitas pretensões jurídicas, os arguidos afirmam que sua escala maciça equivale a extorsão legalizada.[4]

O instrumento foi distorcido, o remédio desnaturado. E o que deveria modelarmente ter caráter reparatório, passou a ter caráter lucrativo, sob a institucionalização do enriquecimento sem causa.

## 4.2 MAS POR QUE NOS EUA ACIONISTAS PODEM INGRESSAR COM AÇÃO COLETIVA CONTRA A COMPANHIA PARA TER INDENIZADOS DANOS CAUSADOS POR ADMINISTRADORES FALTOSOS E/OU CONTROLADORES ABUSIVOS?

O Direito norte-americano é ultraobjetivista e, com frequência, não causal. Isso significa que o ordenamento projeta fins sem se preocupar com a determinação de sua causalidade.

Pouco importa, nesse contexto, se a companhia não causou o dano.

Se o legislador concluir que é importante que a companhia pague a conta, porque isso parece ser útil para o funcionamento do mercado acionário dos EUA, que é um dos potentes motores

4 "Uniquely in the United States, lawyers litigate large cases on behalf of many claimants who could not afford to sue individually. In these class actions, attorneys act typically as risk-taking entrepreneurs, effectively hiring the client rather than acting as the client's agent. Lawyer-financed, lawyer-controlled, and lawyer-settled, such entrepreneurial litigation invites lawyers to sometimes act more in their own interest than in the interest of their clients. And because class litigation aggregates many claims, defendants object that its massive scale amounts to legalized extortion." (*Tradução livre, grifos nossos*). (COFFEE Jr., John C. *Entrepreneurial litigation*: its rise, fall and future. Cambridge, Ma; London: Harvard University Press, 2015.

do seu capitalismo, então o alto nível de pragmatismo econômico do Direito daquele país o fará, sem constrangimentos.

É precisamente isso que explica que, naquele país, as companhias paguem a conta por atos de terceiros e que, diante disso, tenha-se criado um mercado de ações coletivas.

Mas também será esse pragmatismo econômico, ao qual se curvam as formas e técnicas jurídicas naquele país, que, mais recentemente, tenta reverter a posição originária e obstar o manejo das *class actions* contra as companhias, em vista dos seus efeitos deletérios para a economia americana.

É importante, contudo, compreender, em primeiro lugar, que razões de conveniência levaram o Direito norte-americano a autorizar que as companhias daquele país fossem instadas a pagar pelo que não fizeram. E depois, os motivos pelos quais, ultimamente, aprofundando o que já disseram Gidi e Coffee acima, a maior economia do mundo tem retrocedido sobre o tema.

## 4.3 TUDO COMEÇA COM A REGULAÇÃO DO DIREITO DE VOTO NA INGLATERRA E, DEPOIS, NOS EUA

### 4.3.1 NO PRINCÍPIO, ERA UM VOTO POR CABEÇA

O direito de voto foi, via de regra, entre as primeiras *corporations* inglesas, objeto de restrições que limitavam sua atribuição aos sócios. O mesmo ocorreu, até a primeira metade do século XIX, com as *corporations* americanas.[5] [6]

5 Nesse sentido, Lawrence Friedman observa que "[...] early corporate charters did not necessarily adhere to the principle that one share of stock was entitled to one vote [...]". Cf. FRIEDMAN, Lawrence M. *A history of American law.* New York: Simon and Schuster, 1973, p. 168.

6 Os *charters* do primeiro e segundo Banco dos Estados Unidos foram duas importantes exceções que se somaram a outra ocorrida em Nova Iorque, em

Nos Estados Unidos, até os anos de 1850, o tratamento legal do direito de voto foi variado e, em muitos casos marcado pela omissão do Direito Societário, relegado – grosso modo – à aplicação da *common law* e dos estatutos das sociedades.[7]

O mais das vezes, entretanto, impunha-se alguma restrição a esse direito, por meio da atribuição de apenas um voto por sócio, ou por meio de escalonamentos (limitadores da quantidade máxima e/ou mínima de votos de cada sócio), sempre para evitar que os prestadores das mais vultosas entradas detivessem poder de controle societário.

A disciplina tradicional do direito de voto, que decorre da *common law* e que atribui a cada sócio um voto, independentemente do número de partes societárias de que era titular, mesmo que ainda empregada em inúmeros precedentes do final século XIX[8], seria abandonada na virada do século, apesar de considerada lícita até o século XX.[9]

São esclarecedores, por outro lado, para caracterizar a disciplina do direito de voto nas *corporations* americanas constituídas até a metade do século XIX, quatro *charters10*

1811, onde lei aplicável às *corporations* dedicadas à manufatura determinava que "[...] each stockholder shall be entitled to as many votes as he owns shares of stock." *Revised Statutes of New York* (1836), Ch. 67.

7 Em alguns casos, pouco frequentes, já se atribuía a cada parte societária o direito a um voto. Cf. *Mass. Laws.* (es. 1801), ii, pp. 843 *et seq.*

8 Cf. Matter of Rochester Dist. Tele. Co., 40 Hun 172 (N.Y. 1886), Commonwealth *v.* Conover, 10 Phila. 55 (Pa. 1873).

9 Cf. ROHRLICH, Chester. *Law and practice in corporate control.* New York: Baker, Voorhis & Co., 1933, p. 27, nota 1.

10 Os *charters*, cuja natureza contratual foi, no Direito americano do final do século XIX, declarada em Trustees of Dartmouth College v. Woodward, 4 Wheaton (U.S.) 516, continham os chamados *articles of incorporations* – que se assemelham aos elementos do nosso contrato social, enumerados na norma do artigo

outorgados pelo Estado de Massachusetts, em 1829, com o fim de autorizar a constituição de sociedades ferroviárias.

O primeiro, por não conter previsão expressa acerca do direito de voto, atribuía, conforme interpretação corrente à época, apenas um voto a cada sócio e vedava, consequentemente, disposição estatutária diversa. O segundo, todavia, conferia um voto à primeira participação adquirida e mais um voto para cada duas participações ulteriormente adquiridas até o máximo de dez votos, o que significava que o sócio detentor de mais de dezenove partes sociais não dispunha de poder de voto adicional. O terceiro permitia um acúmulo numérico de votos ainda um pouco maior. O quarto, por fim, previa um voto por parte social, mas, para impor limites, vedava a qualquer sócio deter mais do que um quarto do total dos direitos de voto.[11]

Em 1836, o *Massachusetts Revised Statutes*[12] limitou a participação máxima de cada sócio a um décimo do total de votos[13], mas também enumerou exceções aplicáveis a

997 e incisos do Código Civil brasileiro –, mas também previsões de natureza constitucional e infra-constitucional, bem como menções aos precedentes jurisprudenciais que davam fundamento à tais previsões. Tratava-se, então, do próprio ato constitutivo, a conter todos os elementos organizativos essenciais à criação e personificação da sociedade, bem como o seu fundamento legal. Para além dos *charters*, às *corporations* era atribuído o direito de criar *by-laws*, conjuntos normativos assemelhados aos estatutos da nossa sociedade por ações, frequentemente definidos como "a rule of permanent character adopted by a corporation for the regulation of its internal affairs". Cf. ABBOTT, H.; SPRINGER, F. M.; EUGENE, A. G. *Corporation law:* a comprehensive treatise on federal and state legislation relative to private and public service corporations and interstate commerce. Chicago: American School of Correspondence, 1913, pp. 34, 79.

11 Cf. DUNLAVY, C. A. "Corporate Governance in Nineteenth-Century Europe and the USA: the case of shareholder voting rights". *In*: HOPT, Klaus J. et al (Coord.). *Comparative corporate governance:* the State of the art and emerging research. Oxford: Oxford University Express, 1998, p. 17.

12 Cf. Ch.39, Sec. 50.

sociedades dedicadas a finalidades específicas. Os sócios de seguradoras, por exemplo, tinham, em razão da propriedade de cada parte societária, direito a um voto, e, no máximo, a trinta votos.[14] Em verdade, tais normas mantiveram-se em vigor até o final do século XIX.

Ainda, em Massachusetts, o direito de voto nas sociedades dedicadas à manufatura também gozava de disciplina excepcional, já que a tais sociedades era atribuída ampla autonomia para discipliná-lo em estatuto, como, há mais de duas décadas, já se fazia no estado de Nova Iorque.

Na Virgínia, durante o mesmo período, a política de concessões de *charters* mostrou-se instruída pelo intento de limitar o poder dos maiores investidores, impondo um escalonamento. Havia, naquele estado, norma que determinasse a atribuição de um voto a cada parte societária, até o máximo de quinze. Adicionalmente, um voto para cada cinco partes, de quinze a cem, e um voto para cada vinte partes nos casos em que o sócio detivesse mais do que cem.[15]

O direito de voto recebeu tratamento semelhante, embora não se possa – à vista da diversidade de disciplinas – afirmar que se tenha caracterizado um padrão, na Carolina do Sul, onde, por exemplo, a companhia ferroviária, a primeira com trechos de longa distância nos Estados Unidos, foi incorporada por meio de *charter* que previa, com riqueza de detalhes, a atribuição gradual, mas limitada, de direito ao voto na eleição do presidente e dos diretores.[16]

13 Cf. GREGG, W. P.; POND, B. *The railroad laws and charters of the United States*. vol. 2. Boston: Charles C. Little and James Brown, 1851, p. 30.

14 Cf. Mass. *Revised Statutes* 1836: Chs. 311, 324, 329, 343; 1861: Chs. 304, 325, 350.

15 Cf. *Laws of Virginia* 1836-37: 108.

16 Cf. "An Act to Amend an Act Entitled 'An Act to Authorize the Formation

Das sessenta e uma sociedades constituídas na Carolina do Sul, de 1825 a 1838, quase a metade nada dispunha, em seus *charters*, acerca do direito de voto, afirmando-se que, para esses casos, se os estatutos não determinassem disciplina diversa, a regra geral atribuía um voto a cada sócio. Apenas cinco das trinta e uma, cujos *charters* contavam com um regramento expresso do direito de voto, empregaram o critério de um voto para cada participação societária e, nenhuma dessas, note-se, era titular de capital social avaliado em mais do que quinhentos mil dólares. As vinte e seis remanescentes adotaram escalonamentos como os empregados em Nova Iorque e Massachusetts.[17] A atribuição proporcional do direito de voto nas concessionárias de serviço público seguiu o mesmo padrão regulatório das demais sociedades.[18]

### 4.3.2 DEPOIS, UM VOTO POR AÇÃO...

Duas décadas mais tarde, entretanto, a Carolina do Sul promulgou, apenas para as sociedades fabris, uma lei determinando a atribuição do direito a um voto para cada participação societária.[19]

of a Company from Constructing Rail Roads or Canals', From the City of Charleston, to the Towns of Columbia, Camden and Hamburg". 30 January 1828, in *The Charter and Other Acts of the Legislature, in Relation to the South-Carolina Rail Road Company...* (1851:67).

17 Cf. DUNLAVY, C. A. "Corporate governance in late 19th – Century Europe and U.S. The Case of Shareholder Voting Rights". *In*: HOPT, Klaus J. et al (Coord.). *Comparative corporate governance:* the State of the art and emerging research. Oxford: Oxford University Express, 1998, p. 21.

18 Cf. South Carolina, *Statutes at Large*, 1825-1838.

19 Cf. South Carolina, *Statutes at Large*, 1825-1847: n. 3028.

## 4.4 A DISCIPLINA DO DIREITO DE VOTO CONVERGE EM FAVOR DO PODER ECONÔMICO

De qualquer modo, ao aproximar-se do final do século, os regramentos fundados na atribuição proporcional, mas limitada, de direitos de voto – sempre no intuito de garantir uma participação mais equilibrada de cada sócio na formação da vontade social – foram sistematicamente abandonados, sob a liderança de Nova Iorque[20], para se resumirem a algumas exceções ou, então, para se afirmarem como regra aplicável apenas a certo e restrito grupo de atividades empresariais.

A atribuição proporcional, mas limitada, de direitos de voto, mais ou menos difundida até a segunda década do século XIX, desapareceria, quase que completamente, de 1840 a 1880.

Connecticut foi um dos últimos estados a limitar, por meio de *charter* outorgado em 1841, o direito de voto dos sócios de companhia ferroviária, a um décimo do total de votos. Depois disso a atribuição de um voto por ação tornou-se a regra.[21]

Lei promulgada, no ano de 1846, em Nova Jersey, dispôs acerca das regras gerais para incorporação de sociedades que "[...] unless otherwise provided in their prospective charters [...]" o direito a um voto deve ser atribuído, ao sócio, em razão da propriedade de cada parte societária.

20 Na metade do século XIX, o estado de Nova Iorque estendeu a regra de um voto por participação social, que desde 1811 era restrita às companhias manufatureiras, às ferroviárias. Cf. *Laws of the State of New York*, 1850: Ch. 140, §5.

21 Cf. GREGG, Washington P.; POND, B. *The railroad laws and charters of the United States*. vol. 2. Boston: Charles C. Little and James Brown, 1851.

De fato, Nova Iorque foi o primeiro estado, muito antes mesmo da Guerra Civil, a permitir a detenção do poder de controle societário por um único sócio: um único sócio detentor da maioria das ações com direito de voto.

O critério seria, durante e depois da Guerra Civil, rapidamente difundido entre outros estados.

No âmbito federal, *charters* outorgados a companhias ferroviárias transcontinentais, em 1860 e no começo de 1870, também determinavam a atribuição do direito a um voto para cada ação.[22]

O Congresso norte-americano seguiu a tendência ao autorizar a constituição de bancos federais.[23]

Nas décadas seguintes à Guerra Civil – à exceção da Virgínia que ainda manteve, até os anos de 1880[24], variantes do modelo de atribuição proporcional, mas limitada, de direitos de voto – todos os demais estados[25] adotaram o critério de um voto por parte social.[26]

22 Cf. Os *charters* da *Union Pacific*, da *Atlantic and Pacific* e da *Texas Pacific*. In: *U.S. Statutes* (1862), Ch. 120, Sec. 1; (1866), Ch. 278, Sec. 1; (1871), Ch. 122, Sec. 2.

23 Cf. *U.S. Statutes*, 1863: Ch. 58, § 38; 1854: Ch. 106, § 11.

24 Cf. *Code of Virginia*, 1860: Tit. 18, Ch. 57, § 10 e *Laws of Virginia* 1870-1871: Ch. 277.

25 Massachusetts, que nos anos 1830 tinha conferido às sociedades fabris a faculdade de disciplinar o direito de voto, foi um dos últimos estados a livrar-se, já no começo do século XX, da limitação, imposta às companhias ferroviárias, ao exercício do direito individual de voto a um décimo do total. Cf. *Revised Statutes*, 1860, Ch. 63, Sec. 5.

26 Em manual de sociedades da década de 1917, Abott faz alusão à antiga regra de um voto por sócio, bem como à sua superação pelo exercício do direito de voto proporcional às partes societárias de propriedade de cada sócio. Cf. ABBOTT, Howard; SPRINGER, Francis M.; GILMORE Eugene, A. *Corporation law:* a comprehensive treatise on federal and state legislation relative to private

A concentração do poder de controle societário nas mãos dos maiores, porém, sempre menos numerosos, investidores, afirmada como consequência da supressão das regras vigentes até o final da primeira metade do século XIX, importou em uma maior dificuldade de atrair capitais.

Significou, portanto, um aumento nos custos de capital. Os minoritários perderam interesse de investir em companhias dominadas por um único ou poucos acionistas, que usavam seu dinheiro (o dos minoritários) sem precisar lhes dar satisfação.

Diante desse fato, uma série de medidas – a redefinir o governo e a disciplina das sociedades empresárias – foram tomadas com o fim de captar os recursos ociosos de pequenos e médios investidores.

## 4.6 A CRIAÇÃO DAS PREFERENCIAIS COMO TÉCNICA DE PERSUASÃO DOS PEQUENOS E MÉDIOS INVESTIDORES

Nas últimas décadas do século XIX, continuou o movimento de concentração do poder de controle societário nos Estados Unidos.

Se a supressão da regra de um voto por sócio (ou mesmo das técnicas de escalonamento) representou uma guinada a favorecer os maiores investidores, por outro lado, essa ocorrência cassou do investimento em valores mobiliários

and public service corporations and interstate commerce. Chicago: American School of Correspondence, 1913, p. 137.

alguns dos atrativos de outrora, especialmente para os pequenos e médios investidores.

Aos minoritários, diante do novo estado de coisas – em face do exercício de poder de controle que lhes fosse desfavorável (baseado na nova regra de um voto por ação) –, restava apenas a resignação ou a alienação de participações societárias que, aliás, em vista de não conferirem mais uma participação efetiva nos destinos da sociedade, haviam perdido liquidez.

As sociedades empresárias americanas – especialmente a macroempresa societária, sempre em busca de recursos que a permitam um constante enriquecimento – não poderiam, todavia, desprezar a poupança dos pequenos e dos médios investidores.

Por isso, as ações das *corporations* passaram a ser divididas em espécies, a exemplo da técnica mais tradicional, a distinguir as ordinárias das preferenciais, atribuindo-se, às últimas algumas vantagens econômicas, como a prioridade na distribuição de lucros e no reembolso das entradas.

Tratou-se, em verdade, de técnica dedicada a diminuir os custos de capital gerados pela difundida consciência de que o direito de voto, aos minoritários, de nada prestava.[27]

A invenção das ações preferenciais pretendeu inculcar, entre os investidores, a ideia de que poderiam continuar investindo em valores mobiliários, porque, em contraprestação à perda do poder de influir na vontade social,

27 Como asseverou Thomas Conyngton, ao dirigir-se, em 1908, a investidores, há outras formas de classificar as partes societárias e "[...] most of these classifications relate to the voting rights. The simplest is a division of the stock into two classes, one class voting, the other not exercising this right" (Cf. CONYNGTON, Thomas. *A manual of corporate organization containing information, directions and suggestions relating to incorporation of enterprises*. New York: Ronald Press, 1908, p. 67.)

receberiam benefícios econômicos, a exemplo dos dividendos obrigatórios e cumulativos.

A contextualização desses eventos permite bem compreender de que forma o Direito Societário, especialmente a disciplina das relações entre sócios e entre sócios e sociedade, obedeceu e obedece a critérios de conveniência econômica.

## 4.7 O VOTO MÚLTIPLO: UM ALENTO AOS ORDINARISTAS MINORITÁRIOS

A criação das preferenciais e a atribuição de privilégios aos preferencialistas não foi, entretanto, a única medida conducente à necessária e conveniente salvaguarda dos direitos dos minoritários.

Restava dar algum alento aos minoritários detentores de ações ordinárias com direito de voto, cuja influência nos destinos da sociedade fora drasticamente reduzida, a despeito de mantidos os riscos de insatisfação de seus direitos creditórios contra a sociedade (quando não majorados, em vista da falta de efetividade de seus direitos políticos).

Bem por isso, na mesma época em que surgem as preferenciais, aparece também o voto múltiplo que aumentou a capacidade dos ordinaristas minoritários de participar da formação das deliberações sociais.[28]

Esse desdobramento do direito de voto foi definido pelas leis de Nova Iorque da seguinte forma:

28 Nesse sentido cf. CONYNGTON, Thomas. *The modern corporation, its mechanism, methods, formation and management:* a practical work on the corporate form as used for private enterprises. 2 ed. New York: Ronald Press, 1905, pp. 86 *et seq*.; CONYNGTON, Thomas. *A manual of corporate organization containing*

> *The certificate of incorporation of any stock company may provide that at all elections of directors of such corporations, each shareholder shall be entitled to as many votes as shall equal the number of his shares of stock multiplied by the number of directors to be elected, and that he may cast all of such votes for a single director or may distribute them among the number to be voted, or any two or more of them as he may see fit, which right, when exercised, shall be termed cumulative voting.*[29]

O primeiro estado a adotar o voto múltiplo foi Illinois, que se inspirou no modelo de representação adotado por sua assembleia legislativa, após calorosos debates na convenção constitucional de 1870, para criar e disciplinar essa variação do exercício do direito de sócio.

O voto múltiplo fundamentava-se, é claro, no interesse de garantir aos minoritários assento no conselho.[30]

Mas o voto múltiplo poderia facilmente transformar-se em um instrumento capaz de atribuir, aos minoritários, controle do conselho administrativo.

*information, directions and suggestions relating to incorporation of enterprises.* New York: Ronald Press, 1908, pp. 86 *et seq.*; e GORDON, Jeffrey N. "Institutions as relational investors: a new look at cumulative voting". *Columbia Law Review*, v. 94, n. 1, pp. 124 *et seq.*, 1994.

29 Cf. CONYNGTON, Thomas. *A manual of corporate organization containing information, directions and suggestions relating to incorporation of enterprises.* New York: Ronald Press, 1908, pp. 253 *et seq.*

30 E foi esse o interesse tutelado em Attorney General *v.* Looker, 111 Mich. 498, 69 N.W. 929 (1827), Looker *v.* Maynard, 179 U.S. 46, 21 Sup. Ct. 21 (1900), Commonwealth *v.* Butterworth, 160 Pa. St. 55, 28 Atl. 507 (1894), Dick *v.* Lehigh Valley R. R. Co., 4 Pa. Dist. 56 (1894), Commonwealth *v.* Flannery, 203 Pa. St. 28, 52 Atl. 129 (1902), Smith *v.* Atchison, T. & S.F.R Co., 64 Fed. 272 (C.C. Kan. 1894).

Esse fato, se ocorresse, salienta o autor, não significaria uma efetiva proteção dos interesses de sócios titulares de participações ainda menos expressivas, desalinhados com o grupo de minoritários insurgentes e, o que é pior, poderia determinar consequências ainda menos desejáveis do que a aquisição e exercício do poder de controle pelos sócios majoritários.

Foi por isso que, em Maddock *v.* Vorclone Corp., 147 Atl. 255 (Del. Ch. 1929), atribuiu-se a faculdade de emenda do *charter*: para abolir o voto múltiplo ou, então, para diminuir o número de conselheiros a que, mesmo com o emprego do voto múltiplo, seja necessária a atuação concertada de um número maior de minoritários para eleger um conselheiro.[31]

### 4.8 A MACIÇA DIFUSÃO ACIONÁRIA, O APARECIMENTO DAS AÇÕES SEM DIREITO DE VOTO, O PROXY MACHINERY E O APROFUNDAMENTO DA CONCENTRAÇÃO DO PODER DE CONTROLE SOCIETÁRIO

A virada do século representou apenas o aprofundamento da concentração do poder de controle societário.

As formas de aquisição desse poder, entretanto, experimentaram importantes mudanças.

A detenção de grandes quantidades de partes representativas do capital, outrora necessária para consolidá-lo, foi substituída por outras técnicas.

31 Nesse sentido, cf. Bond v. Atlantic Terra Cotta Co., 137 App. Div. 671, 122 N.Y. Supp. 425 (1st Dept. 1910).

A pujança dos mercados de valores mobiliários é contemporânea, no início do século XX[32], à emissão e comercialização massiva de ações das companhias americanas.

Tais valores mobiliários foram adquiridos por milhares de investidores, em todo o país, sob a expectativa de experimentar ganhos sem ter de se envolver no exercício da atividade empresarial.[33]

Careciam, na maioria das vezes, de informações adequadas acerca da sociedade em que investiam ou, em vista da divisão das ações em espécies e classes, sequer detinham direito de voto.

Ao mesmo tempo aparecem e são consolidados mecanismos legais (*proxy machinery*) a permitir a representação dessa massa desinformada de investidores por poucos membros da administração.[34]

Isso fez com que o controle fosse adquirido e exercido por um pequeno número de sócios – a dominar a

32 Cf. KISSÉLEVSKY, Cyrille. *La bourse de valeurs de New-York*: the New-York stock exchange. Paris: Librairie Arthur Rousseau, 1934, pp. 21 *et seq.*

33 Nesse sentido, é bastante significativa a manifestação do presidente Wilson, em 1910, acerca das potencialidades das formas societárias, bem como da posição insatisfatória assumida por muitos sócios em face dos, quase ilimitados, poderes do controlador. Cf. WILSON, Woodrow. "The lawyer and the community". *American Bar Association Repository*, vol. 35, p. 419, 1910.

34 O funcionamento da chamada *proxy machinery*, seu papel na tomada dos cargos de administração pelos grupos dominantes e a perpetuação do poder de controle societário que, invariavelmente, caminhava para a apropriação do poder de controle empresarial foi, na época, explicado por Berle, Means, e também por outros importantes autores como William Douglas. Cf. BERLE, Adolf A.; MEANS, Gardiner C. *The modern corporation and private property*. Chicago: Commerce Clearing House, Inc., 1932, pp. 86 *et seq.*; DOUGLAS, William O. "Directors who do not direct". *Harvard Law Review*, vol. 47, n. 8, p. 1315, 1934. Entre nós, cf. COMPARATO, Fábio Konder. *Aspectos jurídicos da macroempresa*. São Paulo: Editora. Revista dos Tribunais, 1960.

administração – e, consequentemente, a fazer seus interesses prevalecerem sobre todos os demais.

Curioso que, sob a *common law*, o voto por representação não fosse permitido.[35]

A prática do voto por representação, entretanto, tornou-se tão arraigada que acordos de acionistas que vedassem o *proxy vote* foram considerados perniciosos pelas Cortes, como, por exemplo, em Fisher *v.* Bush, 35 Hun 641, 644 (N.Y. 1885).[36]

## 4.9 PROPAGANDA, ABUSO, CRISE E REGULAÇÃO

A história da disciplina do direito de voto nas *corporations* americanas, até as duas primeiras décadas do século passado, demonstra o emprego de uma sofisticada mescla de técnicas de propaganda e usurpação, invariavelmente orquestradas pelos detentores do poder econômico.

De início, a formação democrática da vontade social – fundamentada na regra que atribuía um voto a cada sócio (ou mesmo nas técnicas de escalonamento) – afirmou-se como estratégia a convencer pequenos e médios investidores a alocar seus recursos em atividades empresariais arriscadas.

Aos poucos, entretanto, os grandes investidores conseguiram submeter a companhia à sua vontade e aos seus interesses, não sem que fosse necessário valer-se da conveniente e propagandística atribuição de pequenas vantagens

35 E. g. Bowditch *v.* Jackson Co., 76 N. H. 351, 82 Atl. 1014 (1912) e Commonwealth *v.* Bringhurst, 103 Pa. 134 (1883).

36 Cf. ROHRLICH, Chester. *Law and practice in corporate control*. New York: Baker, Voorhis & Co., 1933, p. 27, nota 1.

aos pequenos e médios, como forma de garantir acesso ao seu dinheiro.

Essas vantagens mostraram-se absolutamente inócuas, porque eram desguarnecidas de uma adequada regulação que impusesse aos controladores o dever de implementar práticas adequadas de governo societário e, especialmente, de divulgar informações verdadeiras acerca do estado da empresa, capazes de balizar o julgamento negocial dos investidores.

As inevitáveis consequências dessa conjuntura foram o descrédito do mercado de valores mobiliários, a fuga dos capitais e a depressão econômica.

## 4.10 O ABUSO DO PODER DE CONTROLE E O CRASH DE 1929

O estado de coisas até aqui descrito estimulou o abuso do poder de controle societário, a ilícita apropriação, pelos controladores, dos meios de produção empregados pela sociedade no exercício da empresa e, no geral, a prática de toda a sorte de fraudes.

Determinou, também, a frequente perda dos investimentos, em vista do descompasso entre o valor de face dos títulos comercializados e dos ativos que representavam, e um abalo geral de credibilidade dos mercados de valores mobiliários americanos que culminou, em 1929, com o chamado *crash* da bolsa de Nova Iorque.[37]

37 Para um diário pormenorizado da crise das bolsas americanas em 1929 e da depressão econômica que a ela se seguiu cf. STONEY, Edward. *Anti-depression legislation*: a study of the acts, corporations and trends growing out of the "Battle with Depression". New York: American Institute of Banking. 1933.

Antes desse acontecido, entretanto, as cortes e os juristas americanos[38], tendo detectado um divórcio entre a teoria e a prática em matéria societária, haviam já ofertado valiosas análises e soluções que, não amplamente apoiadas por uma política legislativa estatal, foram insuficientes a evitar o pior.

A teoria da desconsideração da personalidade jurídica[39], conforme concebida pela *common law*, surge como instrumento destinado a suprimir o privilégio da limitação da responsabilidade[40], que cumpria, em

38 CARVER, T. *The present economic revolution in the United States*. Boston: Little, Brown and Company, 1925; WORMSER, I. Maurice. *Frankenstein, incorporated*. New York; London: McGraw-Hill Book Company, Inc., 1931.

39 Para completa narrativa acerca das origens históricas da *disregard doctrine*, cf. WORMSER, I. Maurice. *Disregard of the corporate fiction and allied corporation problems*. New York: Baker, Voorhis and Company, 1927, pp. 1-41; BLUMBERG, Phillip I. *The law of corporate groups*: substantive law. 2. ed. Boston-Toronto: Little, Brown and Company, 1987, pp. 7 *et seq*. e 38.

40 Sobre as origens da limitação de responsabilidade no direito inglês, cf. WILLISTON, Samuel. History of the law of business corporations before 1800. *Harvard Law Review*. Cambridge, Ma., vol. 2, n. 3, pp. 149-166, 1888; HUNT, Bishop Carleton. *The development of the business corporation in England*, 1800-1867. Cambridge, Ma: Harvard University Press, 1936; DUBOIS, Armand Budington. *The English business company after the bubble act* 1720-1800. New York: The Commonwealth Fund; London: H. Milford, Oxford University Press, 1938; HANDLIN, Oscar; HANDLIN, Mary F. Origins of the american business corporation. *Journal of Economic History*, Cambridge, Ma., vol. 5, n. 1, pp. 1 e 10, mai. 1945; COOKE, Colin Arthur. *Corporation, trust and company*: an essay in legal history. Manchester: Manchester University Press, 1950, pp. 76-111; WALME, Cohen of. *One hundred years of limited liability companies in England*. Jerusalem: The Hebrew University, 1957; POLLOCK, Frederick; Maitland, Frederick William. *The history of English law before the time of Edward I*. vol. 1. 2. ed. Cambridge: Cambridge University Press, 1968, pp. 487 *et seq*.; HOLDSWORTH, William. *A history of English law*. vol. 3. 5. ed, London: Methuen, 1942, pp. 469 *et seq*.; GOWER, L. C. B. *Gower's principles of modern company law*. 4. ed. London: Stevens & Sons, 1979, pp. 25-41; MINCHINTON, Walter E. "Chartered companies and limited liability". *In*: ORHNIAL, Tony (Coord.). *Limited liability and the corporation*. London: Canberra, Croom Helm, 1982, pp. 137-154; SEAVOY, Ronald. *The origins of the American business corporation, 1784-1855*: broadening the concept of public service during industrialization. Westport: Greenwood Press, 1982.

determinados casos, o ignóbil papel de escudo legal, a proteger sócios que haviam causado o esgotamento do patrimônio social e o estado de insolvência.

De qualquer modo, uma disciplina mais rígida da responsabilidade dos sócios – grandemente escorada na atuação esporádica das cortes americanas, o mais das vezes em resposta à provocação de credores externos da sociedade – não se afirmou, nas primeiras décadas do século XX, como mensagem suficientemente clara a dissuadir o tipo de conduta que determinaria o colapso de credibilidade dos mercados de valores mobiliários no final da década de 1920. Também não seria, isoladamente, sem o auxílio de reformas legais mais profundas, capaz de restabelecer a confiabilidade.

Em verdade, a descrença de alguns operadores e analistas de mercado em um grande abalo e, depois do *crash*, em uma rápida recuperação, mostraram-se inteiramente infundadas. A insistência de articulistas conhecidos, nos dias que antecederam o fato[41], de que se tratava de uma retração natural do mercado, não foi suficiente para evitar uma onda desenfreada de vendas, com investidores desesperados para se livrarem, em verdade, por quase nada, de ações e títulos que haviam comprado por preço muito maior.[42]

Foi vertiginosa a queda dos preços de mercado dos valores mobiliários, que não demonstraram, apesar das esperanças dos especialistas[43], quaisquer sinais de recuperação

41 Cf. Commercial AND FINANCIAL CHRONICLE. New York, 7 set. 1929, p. 1530. Commercial AND FINANCIAL CHRONICLE. New York, 14 set. 1929, p. 1627.

42 Cf. Commercial AND FINANCIAL CHRONICLE. New York, 26 out. 1929, pp. 2579 *et seq*.

43 Cf. New YORK TIMES. New York, 24-25 Out. 1929.

antes dos primeiros atos de intervenção governamental.[44]

Os bancos que, na mesma época sofriam uma crise de liquidez, detonada pelo fim do padrão ouro e por moratórias decretadas por muitos de seus devedores internacionais, atribuíram à ocorrência nos mercados de valores mobiliários a condição de verdadeira tragédia.[45]

Grande parte dos depósitos havia sido aplicada em *bonds* de sociedades ferroviárias que, naquele momento, já não poderiam ser liquidados senão por valores irrisórios.[46]

Uma corrida aos bancos com o fim de sacar os depósitos seria respondida, para além dos muitos casos de quebra, com uma série de feriados bancários em vários estados americanos.[47] Seguiu-se, inevitavelmente, a depressão econômica.

O governo Hoover, premido a tomar medidas, determinou a criação da *Reconstruction Finance Corporation*, sociedade estatal, cuja finalidade era, em geral, fornecer recursos para financiar as atividades produtivas, diminuir o número de demissões e restabelecer o crédito dos mercados, especialmente o de valores mobiliários, sem uma intervenção – por meio de determinações legais impactantes – na economia.[48]

44 Cf. Commercial AND FINANCIAL CHRONICLE. New York, 22 mar. 1930, p. 1891.

45 Cf. FEDERAL RESERVE BULLETIN, mar. 1932, p. 150.

46 Cf. STONEY, Edward. *Anti-depression legislation*: a study of the acts, corporations and trends growing out of the "Battle with Depression". New York: American Institute of Banking. 1933, p. 13.

47 Cf. Federal RESERVE BULLETIN. mar. 1932, p. 150; e NEW YORK TIMES. New York, 6 jan. 1932.

48 Cf. STONEY, Edward. *Anti-depression legislation*: a study of the acts, corporations and trends growing out of the "Battle with Depression". New York: American Institute of Banking. 1933, pp. 13 *et seq*.

Até 1933, depois de uma suave melhora das condições gerais da economia, a *Reconstruction Finance Corporation* não havia logrado o êxito esperado.[49]

## 4.11 REGULAÇÃO: A FUNÇÃO ADSTRINGENTE DO DEVER DE INFORMAR E O APRIMORAMENTO DOS MODELOS DE GOVERNO DA MACROEMPRESA SOCIETÁRIA

A verdadeira reconstrução dos mercados, especialmente o de valores mobiliários, nos Estados Unidos, seria uma tarefa levada a cabo pelo presidente Roosevelt e pelo seu *New Deal.*

A estratégia engendrada por Roosevelt e seus assessores levou em especial consideração as conclusões de uma obra de autoria coletiva.

Adolph Berle, um jurista, e Gardiner Means, um economista, ambos da Universidade de Columbia, em Nova Iorque, em seu *The Modern Corporation and the Private Property*[50], apresentaram, pela primeira vez, uma descrição pormenorizada da enorme contribuição prestada pela evolução da disciplina do direito de voto, o aparecimento da *proxy machinery* e das espécies de ações para a concentração do poder societário das maiores e mais poderosas companhias americanas nas mãos de poucas pessoas.[51]

49 Cf. STONEY, Edward. *Anti-depression legislation*: a study of the acts, corporations and trends growing out of the "Battle with Depression". New York: American Institute of Banking. 1933, pp. 19 *et seq*.

50 Cf. BERLE, Adolf A.; MEANS, Gardiner C. *The modern corporation and private property*. Chicago: Commerce Clearing House, Inc., 1932.

51 Cf. BERLE, Adolf A.; MEANS, Gardiner C. *The modern corporation and private property*. Chicago: Commerce Clearing House, Inc., 1932, pp. 86 et seq.

Demonstraram que tais pessoas, quase sempre, não detinham a maioria das ações dessas sociedades, vez que as ações haviam sido pulverizadas nos mercados e eram detidas por uma massa ignorante e amadora de investidores – movida pelo único interesse de experimentar dividendos – e, em vista de sua indiferença acerca do exercício da atividade empresarial e dos atos de administração, muitas vezes manipulada, para não dizer enganada, por esses pequenos grupos dominantes.

Constataram, assim, a ocorrência de uma separação entre controle e "propriedade", pelo fato de que os verdadeiros donos das ações detinham pouco ou nenhum poder de determinar a vontade da sociedade.

Na verdade, como assinalou Isaacs, em sua recensão acerca do livro de Berle e Means[52], alguns trabalhos, antes mesmo do *The Modern Corporation and the Private Property*, haviam denunciado o descompasso entre a teoria e a prática em matéria societária.

Carver, por exemplo, foi o primeiro a alertar para a crescente e indisciplinada distribuição de valores mobiliários.[53]

Ripley descobriu a perda, por parte da maioria dos sócios, do poder de participação na determinação do interesse social, fortemente escorada nas transformações experimentadas pela disciplina do direito de voto e pelo aparecimento de espécies de ações com direito de voto limitado ou inexistente.

52 Cf. ISAACS, Nathan. Books reviews. *Yale Law Journal*, v. 42, pp. 463 *et seq.*, 1933.

53 Cf. CARVER, T. *The present economic revolution in the United States*. Boston: Little, Brown and Company, 1925.

Wormser, grande estudioso do direito societário de tradição europeia[54], na mesma linha, fez importantes alusões ao maquinismo autoconsciente da macroempresa e sua aparente capacidade de dominar seu criador.[55]



O livro de Berle e Means, contudo, demonstra que o fenômeno de concentração de poder de controle societário é uma consequência natural da disciplina jurídica das sociedades, que não parece decorrer da essência das sociedades como instrumento de organização da empresa.

Os dois autores explicam que o que se distanciou da "propriedade", isto é, o que foi perdido pela maioria dos acionistas, foi o controle societário e não o controle empresarial, exercido pela sociedade por meio de sua administração, visto que essa é uma característica organizativa inerente à macroempresa societária, desde que foi criada no século XVII.[56]

Suas conclusões fundamentaram-se em dados e estatísticas a informar o leitor, por exemplo, que:

(*i*) houve um aumento, à época, do número de acionistas, de 4,4 para 24 milhões;

(*ii*) metade aproximada das economias da comunidade foram dedicadas a pequenos investimentos;

(*iii*) dois terços da riqueza industrial do país foram transferidos de pessoas singulares a coletivas, especialmente grandes sociedades empresárias de capital aberto;

54 O autor demonstra tal conhecimento em: Wormser, I. Maurice. *Disregard of the corporate fiction and allied corporation problems*. New York: Baker, Voorhis and Company, 1927.

55 Cf. WORMSER, I. Maurice. *Frankenstein, incorporated*. New York; London: McGraw-Hill Book Company, Inc., 1931.

56 Cf. ISAACS, Nathan. Books reviews. *Yale Law Journal*, v. 42, p. 464, 1933.

(*iv*) dois terços das maiores sociedades (exceto instituições financeiras) controlava metade dos ativos de todas as sociedades (exceto instituições financeiras);

(*v*) as grandes sociedades cresciam duas ou três vezes mais do que as pequenas; e

(*vi*) três quartos das grandes sociedades eram controladas por pequenos grupos e não pelos detentores da maioria das partes societárias representativas do capital.

As conclusões de Berle e Means influenciaram grandemente as medidas adotadas pelo governo Roosevelt[57] que, decidido a intervir na economia por meio do Direito, determinou a promulgação de leis que, direta ou indiretamente, a exemplo dos *Securities Act* de 1933 – a disciplinar as operações primárias – e *Securities Exchange Act* de 1934 – a ocupar-se das secundarias[58] –, definiram as características essenciais do governo e da organização interna da macroempresa americana.

57 Muitos autores concordam com essa afirmação. Cf. NODOUSHANI, Omid; NODOUSHANI, Patricia A. "The debate on corporate governance: an historical analysis of Berle and Means contributions". *In*: CLARKE, Tomas (Coord.). *Corporate governance:* critical perspectives on business and management. London; New York: Routledge, 2005, pp. 209 *et seq.*; BRATON, William W. "Berle and Means reconsidered at the century's turn". *In*: CLARKE, Tomas (Coord.). *Corporate governance:* critical perspectives on business and management. London; New York: Routledge, 2005, pp. 221 *et seq.*

58 Cf. CHOI, Stephen J.; PRITCHARD, A. C. *Securities regulation*: cases and materials. New York: Foundation Press, 2005, pp. 37 *et seq.*

## 4.12 REGULAÇÃO E GOVERNO SOCIETÁRIO: OS FUNDAMENTOS HISTÓRICOS E JURÍDICO-ECONÔMICOS DE UM MODELO DE GOVERNO CENTRADO NA AUTONOMIA DA ADMINISTRAÇÃO

Berle e Means foram capazes de fazer crer, tanto ao governo Roosevelt, quanto entre os especialistas da época, que a melhor e mais imediata solução para dominar os pequenos e inescrupulosos grupos a deter o controle societário sobre as maiores companhias americanas seria neutralizar o exercício abusivo de tal poder de controle pela adoção de um modelo de governo centrado na autonomia da administração.

Os administradores, tidos como fiduciários da sociedade – e não dos sócios –, seriam obrigados a perseguir sempre os interesses da companhia em detrimento dos desejos e caprichos do controlador.

Ademais, a administração seria muito mais facilmente convencida a cumprir as determinações legais e, especialmente, de conduzir a macroempresa de modo a satisfazer os interesses de todos os *stakeholders*, i.e., trabalhadores, consumidores, fornecedores etc., e, principalmente, da sociedade como um todo.

Em verdade, a incapacidade dos instrumentos jurídicos de punir os controladores abusivos – especialmente por pequenos grupos a deter e abusar do poder de controle societário – e, por que não dizer, uma má vontade, entre as cortes americanas, de fazê-lo, permitiu aos autores concluírem:

> It is conceivable, [...] indeed it seems almost essential if the corporate system is to survive, that the *'control'*

> *of the great corporations should develop into a purely neutral technocracy*, balancing a variety of claims by various groups in the community and assigning to each a portion of the income stream on the basis of public policy rather than private cupidity.[59]

A ideia de uma administração "neutra" e atenta aos vários interesses a gravitar no entorno da companhia pareceu-lhes dar suporte a um modelo de governo societário mais propenso ao cumprimento das determinações da norma jurídica e das políticas governamentais.

Esse modelo parece ter seduzido o governo e muitos dos especialistas, mormente à vista dos fenômenos que se sucederam no meio corporativo americano.

A adoção do modelo não poderia, entretanto, desconsiderar a ponderada crítica de juristas de escol, a exemplo de William Douglas, que, já à época, apontavam, em artigos e livros, a facilidade com que um modelo centrado na ampla independência dos administradores poderia conduzir à desnaturação das funções administrativas e, na pior das hipóteses, à delinquência pelos próprios administradores.

Aliás, o elevado grau de liberdade[60] de que gozava a administração, antes mesmo da década de 1920, deveu-se ao interesse de que fosse empregada, a um, como instrumento

59 Cf. BERLE, Adolf A.; MEANS, Gardiner C. *The modern corporation and private property*. Chicago: Commerce Clearing House, Inc., 1932, p. 312.

60 Manuais de Direito Societário da década de dez do século passado já aventavam a faculdade de se atribuir, nos *articles of incorporation*, poderes exclusivos aos membros do conselho de administração para o fim de determinar o conteúdo dos *by-laws*. Cf. ABBOTT, Howard; SPRINGER, Francis M.; GILMORE Eugene, A. *Corporation law:* a comprehensive treatise on federal and state legislation relative to private and public service corporations and interstate commerce. Chicago: American School of Correspondence, 1913, p. 80.

de aquisição do poder de controle societário (via *proxy machinery*) e empresarial (visto que o poder de manipulá-la significava o poder de dispor dos meios de produção da sociedade) e, a dois, como técnica de captação de recursos por meio da difusão massiva de valores mobiliários, adquiridos por investidores incautos que se acreditavam beneficiados por essa liberdade e pseudoisenção administrativa, especialmente à vista de disposições, frequentes em muitos estados, a atribuir poderes ao conselho administrativo para determinar, quando da declaração de existência de lucros a serem distribuídos, a sua forma de pagamento.[61]

O governo Roosevelt não foi um divisor de águas porque modificou as características do investidor médio americano, instando-o a um ativismo utópico, ou porque implementou profundas mudanças no modelo de governo da macroempresa americana, para obstruir o processo de concentração e a separação entre controle e propriedade anunciados por Berle e Means.

O que distingue a preocupação desse governo com o mercado de capitais é a afetação de parte do aparato estatal com a função de fiscalizar o exercício da empresa societária capitalizada por meio da oferta pública de valores mobiliários, assim como a imposição de rígidos critérios de transparência, cuidado e lealdade aos administradores, a tutelar interesses da companhia, mas também dos investidores.

O controle empresarial detido por diretores e conselheiros continuaria a ser sistematicamente denunciado por autores, na década de 1930, a exemplo de James Burnham,

61 Cf. ABBOTT, Howard; SPRINGER, Francis M.; GILMORE Eugene, A. *Corporation law:* a comprehensive treatise on federal and state legislation relative to private and public service corporations and interstate commerce. Chicago: American School of Correspondence, 1913, p. 136.

em seu *The Managerial Revolution*, no final dos anos 1950, por Livingston, no *The American Stockholder*, e, porque não dizer, ainda hoje, quando os autores descrevem – com os mesmos predicados – a conduta dos investidores, médios e institucionais.

### 4.13 CONCLUSÃO: A INDÚSTRIA DAS CLASS ACTIONS SERVE PARA DAR CONFORTO AOS INVESTIDORES, NUM CONTEXTO – MUITO DIFERENTE DO BRASILEIRO – EM QUE AS COMPANHIAS NÃO TÊM CONTROLADOR DEFINIDO E QUE SÃO GOVERNADAS POR TECNOCRATAS

A disciplina da macroempresa societária norte-americana, em matéria de direito de voto, foi, para usar uma terminologia sugerida por Parker,[62] da democracia à plutocracia.

Ao fato, seguiu-se a concentração de poder de controle, mas também a maior dificuldade de acesso a capitais ou, então, o aumento do custo dos capitais e a necessidade imediata de dividir as partes societárias em classes.

Desse modo, garantia-se a detenção do poder de controle societário e, ao mesmo tempo, difundia-se a crença, necessária para uma captação menos custosa de capitais, de que, mesmo desprovidos do poder de definir a vontade da sociedade, os sócios minoritários teriam privilégios econômicos.

Essa vã promessa, mais uma vez, comprometeu o influxo vital de capitais.

O emprego de um modelo de governo centrado na discricionaridade dos administradores e a crença em sua capacidade técnica foram argumentos destinados a fazer os

62 Cf. PARKER, William N. "The scale and scope of Alfred D. Chandler Jr." *Journal of Economic History*, v. 51, n. 4, pp. 961 *et seq.*, 1991.

minoritários crerem na possibilidade de formação de deliberações não inteiramente determinadas pelo controlador.

O mercado de capitais foi, antes mesmo de 1929, a principal via de captação de recursos, muitas vezes para fins outros que não a atividade produtiva.

Quando do *crash* da bolsa, as ações de muitas companhias americanas, não lastreadas por ativos patrimoniais, já estavam nas mãos de muitas centenas, milhares de investidores que, primeiro, acreditaram na classificação das partes societárias e, depois, na capacidade técnica e isenção dos administradores profissionais.

A crise, porém, não decretou o fim do mercado de capitais, demonstrou, apenas, que a intervenção estatal, naquele momento, era o caminho para a sua pujança.

A atribuição de maior autonomia aos administradores continuaria a ser uma maneira de manter os canais de captação de recursos produtivos a baixos custos (superando a perda de credibilidade pela crença de que, agora, com profissionais, os erros do passado não se repetiriam).

E seria, ao mesmo tempo, uma das técnicas capazes de conter – ou mitigar – a apropriação, pelos controladores, dos meios de produção empregados pela sociedade no exercício da empresa.

O remédio causou alguns efeitos colaterais: a desnaturação eventual das atribuições administrativas, a delinquência dos administradores e, por fim, o aumento dos custos de monitoramento desses agentes.

Livingston, fazendo uso de dados estatísticos produzidos pela Bolsa de Valores de Nova Iorque, demonstrou que, na década de 1950, a emissão e grande dispersão acionárias, primeiramente denunciada por Berle e Means, alcançara números estratosféricos.

O autor falou, à época, de 15 milhões de investidores, e citou casos, como o da General Motors, cuja dispersão já atingia o número incrível de aproximadamente seiscentos e cinquenta mil sócios.

## 4.14 O PAPEL DOS SÓCIOS RESUME-SE AO MONITORAMENTO DOS ATOS DE ADMINISTRAÇÃO SOB A TUTELA ESTATAL; MONITORAR E PEDIR QUE A COMPANHIA OS PAGUE, SE ALGO DER ERRADO...

Os sócios das grandes companhias americanas formam um grupo heterogêneo e disperso, que detêm alguns direitos, mas não o poder de dispor dos meios de produção da companhia e que, por isso, não goza do prestígio e da influência política dos grandes executivos.

Os acionistas, de um modo geral, estão ocupados com outros afazeres e veem o mercado de valores mobiliários como uma forma de obter recursos adicionais aos proveitos oriundos de atividades outras, tidas como principais.[63] São rentistas, amadores ou profissionais.

Exercem seus direitos políticos quando são instados a isso, em *proxy fights*[64], quando são vítimas de dano praticado pela administração, por meio de ações de responsabilidade[65] ou, simplesmente, alienando as participações

63 Cf. LIVINGSTON, J. A. *The American stockholder*. Philadelphia; New York: J. B. Lippincott Co., 1958, p. 81.

64 Cf. LIVINGSTON, J. A. *The American stockholder*. Philadelphia; New York: J. B. Lippincott Co., 1958, pp. 47 *et seq*. e 59.

65 Cf. LIVINGSTON, J. A. *The American stockholder*. Philadelphia; New York: J. B. Lippincott Co., 1958, pp. 50 *et seq*.

de sua propriedade.[66]



Livingston faz alusão ao papel potencialmente importante, dos investidores profissionais, no monitoramento dos atos de administração.

Afirma, contudo, que tais investidores exercem, o mais das vezes, uma influência significativa, mas silenciosa, sobre a administração e, quando nela não mais confiam, alienam, sem maiores explicações, suas participações na sociedade.

Nesses casos, o pequeno investidor vê-se diante de sua participação, cujo valor de mercado foi sensivelmente diminuído pela superoferta gerada pela saída, dos quadros sociais, do investidor institucional em questão, à espera de dois eventos iminentes: da substituição da atual administração por um grupo insurgente ou da aquisição da companhia que, à vista da depreciação de seu preço de mercado, tornou-se alvo.[67]

Desse modo, o autor nos certifica da continuidade de um modelo de governo centrado na autonomia dos administradores, todavia, cada vez mais sujeito ao controle da lei e das agências governamentais fiscalizadoras. Livignston, nesse sentido, afirma que:

> The law grants officers and directors a wide latitude. They can make mistakes. They can exercise bad judgement. They can lose money. They can refuse to pay dividends if they induce a business reason for so doing.

66 Cf. LIVINGSTON, J. A. *The American stockholder.* Philadelphia; New York: J. B. Lippincott Co., 1958, p. 67.

67 Cf. LIVINGTON, J. A. *The American stockholder.* Philadelphia; New York: J. B. Lippincott Co., 1958, p. 177

> But they must not abuse their powers and privileges. They must not be dishonest.[68]

A iniciativa de monitorar a administração não decorre apenas do Estado.

O desempenho da administração, aí compreendidas sua capacidade de gerar riquezas e a sua probidade, passou a ser, antes mesmo da década de 1950, analisada por entidades privadas, a exemplo do *American Institute of Management*.

Assim, mesmo que o legislador e a sociedade, nos Estados Unidos, tenham se munido de estratégias de monitoramento escorados em punições, o Direito elegeu, sob influência da ideia de eficiência econômica, um modelo de governo centrado na larga autonomia dos administradores – à vista da disciplina jurídica que, nesse sentido, afirmou-se.

Assentado na ideia de que os administradores, conselheiros e executivos, tornam-se – uma vez adstritos ao cumprimento da lei, dos estatutos sociais e do seu dever de lealdade em relação a todos os sócios e à sociedade – mecanismos de limitação do exercício do poder de controle societário, o Direito americano construiu, desde o começo do século XX, um modelo de governo centrado na ampla discricionariedade dos administradores.

Nesse sentido, Bechtold *v.* Stillwagon, 119 Misc. 177, 195 N.Y. Supp. 66 (1922), que determinou inválida a eleição de executivos por sócios, e State *vs.* Daubenspeck, 189 Ind. 243, 123 N.E. 402 (1920), em que foi negado aos sócios o direito de interferir no poder dos conselheiros de criar *by-laws*.

Tal modelo, que hoje recebe a pressão de doutrinadores e autoridades, *completa-se pela ação coletiva, a class action,*

68 Cf. LIVINGSTON, J. A. *The American stockholder.* Philadelphia; New York: J. B. Lippincott Co., 1958, p. 49.

*que – diante de companhias sem dono (como é a maioria esmagadora nos EUA) e de administradores com amplíssimos poderes – conferiu aos acionistas dispersos, uma técnica de coordenação e articulação de interesses.*

Fez mais, *foi o elemento propagandístico que os incentivou a investir, nesse contexto, sob a garantia de que, se os administradores delinquirem, a companhia pagará a conta.*

Uma realidade, uma evolução histórica, uma dimensão de mercado e de organizações empresariais e uma regulação que em nada, absolutamente nada se assemelha à nossa.

Uma disparidade de situações e de contextos que não admite qualquer transplante, qualquer analogia, qualquer empréstimo técnico dos Estados Unidos para o Brasil.

A situação brasileira não poderia ser mais distinta.

Aqui, o controle é definido e, o mais das vezes, concentrado. Raramente há controle minoritário.

Aqui, o controlador é tão ou mais poderoso do que a companhia.

Aqui, os administradores podem ser demitidos a qualquer tempo pelos acionistas e não ostentam amplos poderes.

Aqui, as companhias são mais frágeis economicamente, o mercado é menor, o número de investidores é infinitamente menor, a economia é errática e *nem ela nem as companhias aguentam pagar a conta dos atos de terceiros, apenas para dar conforto a investidores.*

A companhia aberta brasileira não aguentaria (não aguentará) a cortesia, a garantia legal propagandística de manter indene o investidor caso o controlador abuse de seu poder de controle e o administrador viole seus deveres fiduciários.

A bem da verdade, hoje, sob intensa competição internacional e depois de crises sucessivas, desde os anos 2000, nem mesmo a economia e as companhias americanas deverão suportar essa gentileza.

Não à toa, é forte, fortíssimo, o movimento que pretende um recuo para preservar as companhias, vítimas de controladores abusivos e de administradores faltosos, de seus próprios acionistas, sobretudo porque, como se vê na prática, são os profissionais da ação coletiva que, ao fim e ao cabo, lucram e aproveitam-se desse sistema ultrapassado.

O nosso sistema jurídico desconhece ação ou arbitragem contra a companhia por danos que lhe causaram acionistas ou administradores delinquentes. As que existem, amparam-se na interpretação distorcida da Ação Civil Pública do Mercado de Capitais, que não autoriza ação contra a vítima, que não autoriza pleitear ressarcimento de quem sofreu o dano. São corruptela delirante das ações societárias coletivas do Direito norte-americano. A companhia, no Brasil, só responde perante terceiros, pelos atos de seus administradores e de seus controladores, em especial quando empregaram seus poderes de controle gerencial ou societário, respectivamente, para conduzir a companhia à prática de condutas que causaram danos a terceiros. Acionistas, reflexa e eventualmente prejudicados por atos de abuso de poder de controle e de violação de deveres fiduciários, experimentam ressarcimento na medida em que a companhia, por si ou por substituto processual, maneja as ações típicas de responsabilidade postas na Lei das Sociedades Anônimas.

Ação ou arbitragem manejada por acionista contra companhia, por danos causados à companhia, em abuso de poder de controle ou violação de dever fiduciário, são ilícitas, pior, são inconstitucionais, porque afrontam a ordem econômica constitucionalmente posta.

As ações e arbitragens desse tipo são a manifestação de um fenômeno que se explica por um misto de oportunismo, ignorância e ingenuidade. São o resultado da ação de abutres e de ingênuos, cuja consequência poderá ser, se levadas a sério, mais um perverso dano ao capitalismo nacional e à grande empresa.

ABBOTT, Howard; SPRINGER, Francis M.; GILMORE Eugene, A. *Corporation law:* a comprehensive treatise on federal and state legislation relative to private and public service corporations and interstate commerce. Chicago: American School of Correspondence, 1913.

ALVARENGA, Darlan; TREVIZAN, Karina; QUAINO, Lilian. título "Petrobras reafirma que perda com corrupção calculada é de R$ 6,2 bi". *G1*, Rio de Janeiro, São Paulo. 12 nov. 2015. Disponível em: http://g1.globo.com/economia/negocios/noticia/2015/11/petrobras-reafirma-que-perda--com-corrupcao-calculada-e-de-r-62-bi.html. Acesso em: 18.07.2021.

ASQUINI, Alberto. "Profili dell'Impresa". *Rivista del Diritto Commerciale e del Diritto Generale delle Obbligazioni*, Milano, vol. 41, pt. 1, 1943.

____. "Una Svolta Storica nel Diritto Commerciale". *Rivista del Diritto Commerciale e del Diritto Generale delle Obbligazioni*, Milano, vol. 38, pt. 1, 1940.

BARROCAS, Manoel Pereira. *Estudos de Direito e prática arbitral*. Coimbra: Almedina, 2017.

BERCOVICI, G. *Direito econômico do petróleo e dos recursos minerais*. São Paulo: Quartier Latin, 2011.

____. *Constituição e Estado de exceção permanente*: atualidade de Weimar, 1. ed. Rio de janeiro: Azougue, 2012.

BERCOVICI, Gilberto; MASSONETTO, Luiz Fernando. "Limites

da regulação: esboço para uma crítica metodológica do 'novo direito público da economia'". *Revista de Direito Público da Economia*, Belo Horizonte, vol. 7, n. 25, pp. 137-147, jan. 2009.

BERLE, Adolf A.; MEANS, Gardiner C. *The modern corporation and private property*. Chicago: Commerce Clearing House, Inc., 1932.

Blackstone, William. *Commentaries on the Laws of England*. vol. 1. 12. ed. London: Printed by A. Strahan and W. Woodfall, Law-printers to the King's Most Excellent Majesty, for T. Cadell, 1793.

Blumberg, Phillip i. *The law of corporate groups*: substantive law. 2. ed. Boston-Toronto: Little, Brown and Company, 1987.

BRATON, William W. "Berle and Means reconsidered at the century's turn". *In*: CLARKE, Tomas (Coord.). *Corporate governance;* critical perspectives on business and management. London; New York: Routledge, 2005. pp. 221-260.

Broseta Pont, M. *La Empresa, la Unificación del Derecho de Obligaciones y el Derecho Mercantil*. Madrid: Editorial Tecnos, 1965.

BRUNKHORST, Hauke. *Solidarity*: from civic friendship to a global legal community. Cambridge, Ma: MIT Press, 2005.

CARMONA, Carlos Alberto. *Arbitragem e processo*: um comentário à Lei n. 9.307/96. 3. ed. rev., atual. e ampl. São Paulo: Atlas, 2009.

CARVER, T. *The present economic revolution in the United States*. Boston: Little, Brown and Company, 1925.

CHOI, Stephen J.; PRITCHARD, A. C. *Securities regulation*: cases and materials. New York: Foundation Press. 2005.

COFFEE Jr., John C. *Entrepreneurial litigation*: its rise, fall and future. Cambridge, Ma; London: Harvard University Press, 2015.

COMPARATO, Fábio Konder. "A função social da propriedade". *Revista de Direito Mercantil, Industrial, Econômico e Financeiro*, São Paulo, v. 25, n. 63, p. 71-79, jul./set. 1986.

____. "Estado, empresa e função social". *Revista dos Tribunais*, São Paulo, v. 85, n. 732, p. 732-738, out. 1996.

____. "O indispensável Direito Econômico". *Revista dos Tribunais*, São Paulo, n. 353, p. 22, mar. 1965.

____. *Aspectos jurídicos da macroempresa*. São Paulo: Ed. Revista dos Tribunais, 1960.

CONYNGTON, Thomas. *A manual of corporate organization containing information, directions and suggestions relating to incorporation of enterprises*. New York: Ronald Press, 1908.

____. *The modern corporation, its mechanism, methods, formation and management:* a practical work on the corporate form as used for private enterprises. 2. ed. New York: Ronald Press, 1905.

Cooke, Colin Arthur. *Corporation, trust and company*: an essay in legal history. Manchester: Manchester University Press, 1950.

Cruz Blanco, Pérez de la, "La reducción del capital en sociedades anónimas e de responsabilidad limitada". *In*: *Publicaciones de Real Colegio de España en Bolonia*, 1973.

DINAMARCO, Cândido Rangel. *Instituições de direito processual civil*. vol. I. 10. ed. São Paulo: Malheiros, 2020.

____. *A arbitragem na teoria geral do processo*. São Paulo: Malheiros, 2013.

DIMOULIS, Dimitri. "Fundamentação constitucional dos processos econômicos: reflexões sobre o papel econômico do direito". *In*: SABADELL, Ana Lucia; DIMOULIS, Dimitri, MINHOTO, Laurindo Dias. *Direito social, regulação econômica e crise do Estado*. Rio de Janeiro: Revan, 2006.

Domingues, Paulo de Tarso. *Do capital social, noção, princípios e funções*. Coimbra: Coimbra Ed., 1998.

DOUGLAS, William O. "Directors who do not direct". *Harvard Law Review*, vol. 47, n. 8, p. 1315, 1934.

DuBois, Armand Budington. *The English business company after the bubble act* 1720-1800. New York; London: The Commonwealth Fund; H. Milford, Oxford University Press, 1938.

Duguit, Léon. *Les transformations générales du droit privé depuis le Code Napoléon*. 2. Ed. Paris: Felix Alcan, 1920.

DUNLAVY, C. A. "Corporate governance in late 19th – Century Europe and U.S. The Case of Shareholder Voting Rights". *In*: HOPT, Klaus J. et al (Coord.). *Comparative corporate governance:* the state of the art and emerging research. Oxford: Oxford University Express, 1998. pp. 5-64.

ENDEMANN, W. *Das Deutsche Handelsrecht. Systematisch dargestellt*. 2. Aufl. Heidelberg, 1868.

FARJAT, Gérard. *Droit économique*. Paris: PUF, 1971.

Flume, W. *Allgemeiner Teil des Bürgerlichen Rechts, Das Rechtgeschäft*, Zweiter Band. Berlin; Heidelberg; New York; Tokyo: Springer-Verlag, 1992.

Frederiq, L. *Traité de Droit Commercial Belge*. vol. 1. Gand: Rombaut-Fecheyr, 1946.

FRIEDMAN, Lawrence M. *A history of American law*. New York: Simon and Schuster, 1973.

Fortunato, Sabino. "Capitale e Bilanci nella S.P.A.". *Rivista delle Società*, Milano, vol. 36, n.1, gen./feb. 1991.

GARAPON, Antoine; SCHREIBER-SERVAN, Pierre. *Deals de justice*: le marché américain de l'obéissance mondialisée. Paris: PUF, 2020.

GIDI, Antônio. *A class action como instrumento de tutela coletiva dos direitos:* as ações coletivas em uma perspectiva comparada. São Paulo: Ed. Revista dos Tribunais, 2007.

GORDON, Jeffrey N. "Institutions as relational investors: a new look at cumulative voting". *Columbia Law Review*, v. 94, n. 1, pp. 124-192, 1994.

Gower, L. C. B. *Gower's principles of modern company law*. 4. ed. London: Stevens & Sons, 1979. pp. 25-41.

GRAU, Eros Roberto. *A ordem econômica na Constituição de 1988*: interpretação e crítica. 8. ed. São Paulo: Malheiros, 2003.

____. *O direito posto e o direito pressuposto*. 5. ed. São Paulo: Malheiros, 2003.

GREGG, Washington P.; POND, B. *The railroad laws and charters of the United States*. vol. 2. Boston: Charles C. Little and James Brown, 1851.

HAMEL, Joseph; LAGARDE, Gaston. *Traité de droit commercial*. vol. 1. Paris: Dalloz, 1954.

Handlin, Oscar; Handlin, Mary F. "Origins of the American business corporation". *Journal of Economic History*, Cambridge, Ma, vol. 5, n. 1, pp. 1-23, mai. 1945.

Hedemann, Justus W. *Deutsches Wirtschaftsrecht*: Ein Grundriss. Berlin: Junker & Dünnhaupt, 1939.

_____. *Das bürgerliche Recht und die neue Zeit*. Jena: Gustav Fischer Verlag, 1919.

HOFMANN, P. *Handelsrecht*, 11. Aufl., Berlin: Luchterhand, 2002.

Holdsworth, William. *A history of English law.* vol. 3. 5. ed. London: Methuen, 1942.

Hugon, Paul. *História das doutrinas econômicas*. 6. ed. São Paulo: Atlas, 1959.

HUBER, Ernst Rudolf. *Wirtschaftsverwaltungsrecht*. vol. I. Tuebingen: J.c.b. Mohr, 1953.

Hunt, Bishop Carleton. *The development of the business corporation in England,* 1800-1867. Cambridge, Ma: Harvard University Press, 1936.

ISAACS, Nathan. Books reviews. *Yale Law Journal*, v. 42, pp. 463-464, 1933.

ISAY, R. *Das Recht am Unternehmen*. Berlin: Vahlen, 1910.

JAEGER, P. G. *L'interesse sociale*. Milano: Giuffrè, 1964.

JACQUEMIN, Alexis; SCHRANS, Guy. *Le droit économique*. 3. ed. Paris: PUF, 1982.

KAZ, Roberto. "O Petróleo é Deles: a história do processo de bilhões de dólares contra a Petrobras nos Estados Unidos", in Revista Piauí, Edição 118, julho de 2016, disponível em https://piaui.folha.uol.com.br/materia/o-petroleo-e-deles-2/. Acesso em: 18.07.2021

KISSÉLEVSKY, Cyrille. *La bourse de valeurs de New-York*: the New-York stock exchange. Paris: Librairie Arthur Rousseau, 1934.

KLAUSNER, Michael Jason Hegland et al. "When Are Securities Class Actions Dismissed, When Do They Settle, and For How Much? Na Update", Working Paper n. 5. PLUS *Journal*, vol. XXVI, n. 4, 2013.

LAÏDI, Ali. *Le droit, nouvelle arme de guerre économique*: comment les États-Unis déstabilisent les entreprises européennes. Arles: Actes Sud, 2019.

LAZZARESCHI NETO, Alfredo S. *A lei das S.A. comentada e anotada*. 6. ed., revista atualizada e ampliada, São Paulo: Quartier Latin, 2020.

LEWIS, Kevin M. "Suing Subway: When Does a Class Action Settlement Benefit Only Lawyers?", *Congressional Research Service*, dec. 2017. Disponível em: https://crsreports.congress.gov/product/pdf/LSB/LSB10044. Acesso em: 18.07.2021.

LIVINGSTON J. A. *The American stockholder*. Philadelphia; New York: J. B. Lippincott Co., 1958.

LUHMANN, Niklas. *Soziale Systeme*. Peter Lang: Frankfurt a Main, 1983.

____. "Die Einheit des Rechtssystems". *Rechtstheorie*, Berlin, v. 14, pp. 129-154, 1983.

____. *Wissenschaft der Gesellschaft*. Peter Lang: Frankfurt am Main, 1990.

____. *Die Gesellschaft der Gesellschaft*. Peter Lang: Frankfurt am Main, 1997.

MARTÍN, Carlos de Cabo. *Teoría Constitucional de la solidaridad*. Madrid: Marcial Pons, 2006.

MARTINS, Pedro Antonio Batista. *Apontamentos sobre a lei de arbitragem*: comentários à lei 9.307/96. Rio de Janeiro: Forense, 2018.

Mattei, Ugo; Nader, Laura. *Pilhagem: quando o Estado de Direito é ilegal*. São Paulo: Martins Fontes, 2013.

MAXIMILIANO, Carlos. *Hermenêutica e aplicação do Direito*. 19. ed. Rio de Janeiro: Forense, 2008.

Minchinton, Walter E. "Chartered companies and limited liability". *In*: ORHNIAL, Tony (Coord.). *Limited liability and the corporation*. London: Canberra, Croom Helm, 1982.

MULLENIX, Linda S. "Ending Class Actions as We Know Them: Rethinking the American Class Action". *Emory Law Journal*, vol. 64, n. 2, pp. 399-449, 2014. Disponível em: em https://scholarlycommons.law.emory.edu/elj/vol64/iss2/14/. Acesso em: 18.07.2021.

NERY JR., Nelson. *Princípios do processo na Constituição Federal*. São Paulo: RT, 2021.

NETTER, Oskar. "Zur aktienrechtlichen Theorie des 'Unternehmens an sich'". JWI, p. 2953-2956, 1927.

____. "Gesellschaftsinteresse und Interessenpolitik in der Aktiengesellschaft". *Bank-Archiv*, v. 30, 1930-1931, p. 57-65 e 86-95.

NODOUSHANI, Omid; NODOUSHANI, Patricia A. "The debate on corporate governance: an historical analysis of Berle and Means contributions". *In*: CLARKE, Tomas (Coord.). *Corporate governance:* critical perspectives on business and management. London; New York: Routledge, 2005.

Oftinger, K. *Die Vertragsfreiheit, Die Freiheit des Bürgers im Schweiz Recht*, Zürich: Schulthess, 1948.

OHMEYER, K. E. von. *Das Unternehmen als Rechtsobjekt. Mit einer systematischen Darstellung der Spruchpraxis betreffend die Exekution auf Unternehmen*. Wien: Manz, 1906.

PARKER, William N. "The scale and scope of Alfred D. Chandler Jr." *Journal of Economic History*, v. 51, n. 4, pp. 958-963, dez. 1991.

PISKO, O. *Das Unternehmen als Gegenstand des Rechtsverkehrs*. Wien: Manz, 1907.

Pollock, Frederick; Maitland, Frederick William. *The history of English law before the time of Edward I*. vol. 1. 2. ed. Cambridge: Cambridge University Press, 1968.

Portale, Giuseppe B. "Capitale Sociale e Società per Azzioni Sottocapitalizza". *Rivista delle Società*, Milano, n. 1, genn./febb. 1991.

Rathenau, W. *Vom Aktienwesen*: Eine Geschäftlische Betrachtung g. Berlin: Fischer Verlag, 1917.

RAISCH, P. *Geschichtliche Voraussetzungen*, dogmatische Grundlagen und Sinnwandlung des Handelsrechts. Karlsruhe: C. F. Müller, 1965.

RIPERT, Georges. *Traité Élémentaire de Droit Commercial.* 2. ed. Paris: LGDJ, 1951.

RIVOLTA, Gian Carlo M. "Sulla società a responsabilità limitata: precedenti storici ed orientamenti interpretativi". *Rivista di Diritto Civile*, Milano, vol. 1, 1980.

ROHRLICH, Chester. *Law and practice in corporate control.* New York: Baker, Voorhis & Co., 1933.

ROTH, G. H. *Handels- und Gesellschaftsrecht.* 6. Aufl. München: Vahlen, 2001.

Rubio, J. *Curso del derecho de sociedades anónimas.* Madrid: Editorial de derecho financiero, 1967.

Seavoy, Ronald. *The origins of the American business corporation,* 1784-1855: broadening the concept of public service during industrialization. Westport: Greenwood Press, 1982.

SOUZA, Washington Peluso Albino de. *Primeiras linhas de direito econômico.* 3. ed. São Paulo: LTr, 1994.

____. *Teoria da constituição econômica*. Belo Horizonte: Del Rey, 2002.

STONEY, Edward. *Anti-depression legislation*: a study of the acts, corporations and trends growing out of the "Battle with Depression". New York: American Institute of Banking. 1933.

SUPIOT, Alain (Coord.). *La solidarité*: enquête sur un principe juridique. Paris: Odile Jacob, 2015.

TEUBNER, Gunther. *Recht als autopoietisches system*. Peter Lang: Frankfurt am Main, 1989.

THÉRON-HECQUARD, Maryvonne. *Solidarité(s)*: perspectives juridiques. Toulouse: Presses de l'Université des Sciences Sociales de Toulouse, 2008.

URIA, Rodrigo. *Derecho mercantil*. Madrid: Marcial Pons, 1996.

VanRyn, J. *Principes de Droit Commercial*. Bruxelles: Bruylant, 1954.

VIDIGAL, Geraldo de Camargo. *Teoria geral do direito econômico*. São Paulo: Ed. Revista dos Tribunais, 1977.

Walme, Cohen of. *One hundred years of limited liability companies in England*. Jerusalem: The Hebrew University, 1957.

WARDE, Walfrido e SIMÃO, Valdir M. *Leniência:* elementos do Direito de Conformidade. São Paulo: Editora Contracorrente, 2019.

____. *O espetáculo da corrupção:* como um sistema corrupto e o modo de combatê-lo estão destruindo o país. Rio de Janeiro: LeYa, 2018.

____. "Geni e a Petrobras". *O Globo*, Rio de Janeiro, 22 dez. 2017. Disponível em: https://oglobo.globo.com/opiniao/geni-a-petrobras-22222863. Acesso em: 18.07.2021.

____. "Empresa pluridimensional. Empresa política e lobby". *Revista do Advogado*, São Paulo, ano 28, n. 96, pp. 137-145, mar. 2008.

WARDE, Walfrido; BERCOVICI, Gilberto; SIQUEIRA NETO, José F. *Um plano de salvamento do projeto nacional de infraestrutura*. São Paulo: Contracorrente, 2015.

Williston, Samuel. "History of the law of business corporations before 1800". *Harvard Law Review*, Cambridge, Ma., vol. 2, n. 3, pp. 149-166, out. 1888.

WILSON, Woodrow. "The lawyer and the community". *American Bar Association Repository*, vol. 35, pp. 419, 1910.

WORMSER, I. Maurice. *Frankenstein, incorporated*. New York; London: McGraw-Hill Book Company, Inc., 1931.

____. *Disregard of the corporate fiction and allied corporation problems*. New York: Baker, Voorhis and Company, 1927.

# NOTAS

# NOTAS

# NOTAS

# NOTAS

# NOTAS

A Editora Contracorrente se preocupa com todos os detalhes de suas obras!
Aos curiosos, informamos que este livro foi impresso no mês de setembro
de 2021, em papel Pólen Soft 80g, pela Gráfica Grafilar.